Für Laura

Ganz herzlichen Dank!

Living Life on Easy-Mode – Auswandern in die Schweiz

Ein Erfahrungsbericht von einem, der es einfach mal gemacht hat... und nichts bereut.

Inhaltsverzeichnis

TEIL I – START IN MEIN NEUES LEBEN

TEIL II - START IN DEIN NEUES LEBEN

Teil I – Start in mein neues Leben

Ein höheres Einkommen und mehr finanzielle Freiheit ohne Mehraufwand. – Geht das?

Du willst dein Netto-Gehalt bei gleichbleibender Arbeitsleistung von heute auf morgen mehr als verdoppeln?

Klingt nach Quacksalberei und Hokuspokus, ist bei unseren wirtschaftlich bevorteilten Nachbarn allerdings eine ganz normale Grössenordnung. Das Thema Auswandern ist ein Dauerbrenner, und das nicht ohne Grund. Der Traum von Wohlstand und mehr finanzieller Freiheit steht dabei ganz oben auf der Liste der Wünsche, die jemanden dazu bewegen den Wohnort zu wechseln.

Wie es zurzeit in Deutschland so vielen geht, die trotz Vollzeitjob nahe am Existenzminimum leben und mit fälligen Raten trotz Überstunden und Minijob kaum hinterher kommen, muss nicht sein. Abertausende Wirtschaftsmigranten im eigenen Land machen es uns tagtäglich vor – warum also nicht selbst den Blick dahin wagen, wo es mehr zu holen gibt?

Ganz aktuell hat die Tagesschau einen Artikel über deutsche Auswanderer gebracht.[1] Der Artikel fusst auf Daten des Bundesinstituts für Bevölkerungsforschung in Wiesbaden und zeigt, dass allen voran berufliche Perspektiven sowie finanzielle Vorteile die Hauptmotivatoren dafür sind, einen Neustart im Ausland zu wagen. Aus der Studie des Bundesinstituts geht auch hervor, dass die Schweiz das mit Abstand beliebteste Ziel für deutsche Auswanderer ist. Auf den Plätzen zwei und drei landen die USA sowie Österreich.

---

1 www.tagesschau.de/inland/studie-auswanderung-101.html vom 04. Dezember 2019

Ich bin diesen Weg selbst erfolgreich gegangen und zeige dir welche Hürden du zu nehmen hast und welche Stolperfallen du ganz leicht vermeiden kannst. Ich möchte dir auf den folgenden Seiten die Angst vor dem Schritt des Auswanderns nehmen und dabei behilflich sein, dich optimal auf dein neues Abenteuer vorzubereiten.

Die Mehrzahl der Auswanderer sind zwar Akademiker und zwischen 20 und 40 Jahren alt, aber ich möchte mit diesem Buch, gerade auf Grund meines unkonventionellen Lebenslaufs, auch Menschen ermutigen, die nicht unbedingt über einen hohen Bildungsabschluss verfügen. Vielleicht bist du einfach mit dem gewählten Beruf unzufrieden und möchtest dich neu orientieren, oder hast, so wie ich, einfach noch nicht den richtigen Plan bzw. die Berufung für dein Leben gefunden.

Wenn dieser Weg auch etwas für dich sein sollte würde ich mich freuen dich mit diesem Buch begleiten zu dürfen, damit auch du bald finanziell und persönlich wieder frei durchatmen kannst.

Wer bin ich überhaupt und was qualifiziert mich das hier zu schreiben - Meine Geschichte

Mein Name ist Mario Krebs, ich bin 36 Jahre alt und gebürtig aus Ostwestfalen. Das Studium verschlug mich nach Mittelhessen, was für ganze fünfzehn Jahre zu meiner neuen Heimat wurde. Ich habe dort mein Masterstudium prähistorischer Archäologie mit respektabler Note abgeschlossen und auch mein zurzeit laufendes zweites Studium, einen Master in General Management an einer Fern-Uni, begonnen.

Meine beruflichen Aussichten als Archäologe waren in Deutschland mehr als bescheiden, ich habe den Beruf etwa vier Jahre ausgeübt und musste mich von Arbeitsvertrag zu Arbeitsvertrag hangeln. Eine Auftrags-Ausgrabung für einen Bauherren dauert im Schnitt zwei bis sechs Wochen, im Anschluss daran darf man sich wieder arbeitslos melden, bis die Grabungsfirma einen neuen Auftrag ergattern kann.

Auf Grund dieses Alltags war ich gezwungen mir noch einen Nebenjob zu suchen, da ich zu den Menschen gehöre, die gerne wissen, wie sie am Monatsanfang ihre Miete bezahlen können. Da ich tagsüber also wenig flexibel war, denn es konnte ja jederzeit ein Grabungsauftrag reinkommen, suchte ich mir eine Stelle die ich nachts ausüben konnte und machte eine Bewerbung als Kassierer an einer Tankstelle fertig. Besagte Tankstelle lag bei mir um die Ecke und ich entschied mich dazu, die Bewerbung persönlich einzureichen.

Einer dieser grossen kleinen Zufälle, die das ganze Leben verändern, geschah als ich auf dem Weg zu besagter Tankstelle an einer Ampel einen alten Bekannten traf, der sich in der örtlichen Gastronomie sehr gut auskannte. Wir sprachen über mein Vorhaben zu dem ich unterwegs war und er wusste, dass ein örtliches 5-Sterne Hotel zufällig auch seit einiger Zeit jemanden für den Nachtdienst suchte.

Meine Besorgnis, dass ich über keinerlei Erfahrung in der Hotellerie verfügte und wohl erst recht in einem 5-Sterne Superior Haus nicht den Hauch einer Chance haben würde, wischte ich mit dem alten Spruch "Versuch macht kluch" weg... ich hatte ja auch nichts zu verlieren.

Nachdem ich meine Bewerbung bei der Tankstelle eingereicht hatte, machte ich mich ohne Umschweife auf dem Rückweg kurzentschlossen auf den Weg zu besagtem Hotel. An der Rezeption fragte ich nach dem Personalchef und erntete irritierte Blicke als ich die Frage verneinen musste, ob ich denn einen Termin hätte. Ich erklärte ich käme kurzerhand auf Empfehlung eines Bekannten und sass kurze Zeit später mit dem Personaler auf der Hotelterrasse. Das Gespräch verlief ausgesprochen positiv und nach etwa fünfzehn Minuten des gegenseitigen Kennenlernens hatte ich die Zusage zu einem Probearbeiten bereits in der kommenden Woche.

Ich stellte mich anscheinend nicht allzu dumm an, denn ich wurde umgehend eingestellt und hatte einen Minijob in einem traumhaften Ambiente ergattert; es gibt definitiv schlechtere Arbeitsplätze als ein Luxushotel. Von der Tankstelle erhielt ich eine Absage.

Toll! Eine neue berufliche Ausrichtung! – Naja, erstmal so semi-erfolgreich…

Das kurze Gespräch mit meinem Bekannten an der Ampel war also mein Einstieg in die Hotelszene und besiegelte (zumindest bis heute erst einmal) das Ende meiner Laufbahn als Archäologe. Ich machte meine Arbeit wohl ganz ordentlich und bekam nach drei Monaten eine Teilzeitstelle angeboten. Der definitive Anfang vom Ende meiner Archäologenkarriere, denn nochmals drei Monate später erfolgte die Umstellung meiner Stelle auf Vollzeit. Die Grabungen, die ich nach der Nachtschicht noch tagsüber durchführte, hatten sich damit erledigt und ich war als Quereinsteiger vollends in der Hotellerie angekommen.

Ich machte meinen Weg im Gastronomiegewerbe und im Spätsommer 2018 war ich in mittlerer Position in einem der besten Hotels in Frankfurt am Main angestellt. Trotz akribischer Arbeit, 100%iger Zuverlässigkeit und unermüdlichen Einsatzes waren meine weiteren Perspektiven aber eher mau. So rackerte ich mich Tag für Tag mit im Schnitt zehn Stunden, eher mehr, für meinen damaligen Arbeitgeber ab und hatte dafür am Monatsende nicht mal annähernd 2.000€ auf dem Konto. Da ich mein abgeschlossenes Studium über einen Studienkredit finanziert hatte und auch für mein zweites Studium, das ich mit Anfang 30 nebenberuflich begonnen habe, ebenfalls einen Kredit aufnehmen musste, blieben nach Abzug von Miete und Nebenkosten so gerade ein paar hundert Euro zum Leben. An Sparen, Altersvorsorge oder gar eine schöne Urlaubsreise war mit diesem Einkommen nicht zu denken.

Gerstensaft erhellt den Geist – Eine Schnapsidee wird zum Zukunftsmodell

Mit Freunden und Bekannten sinnierte ich dann abends beim Feierabendbier darüber, dass es doch auch anders gehen müsse. Vielen aus meinem Bekanntenkreis ging es nämlich ähnlich, gerade mit Frau oder Kindern befanden sich die meisten von ihnen in einem vergleichbaren finanziellen Dilemma wie ich. Das Thema "Auswandern" kam auf den Tisch und jeder wusste, dass Länder wie Norwegen, Dänemark, Luxemburg oder eben die Schweiz wesentlich bessere Verdienstmöglichkeiten bieten als die heimischen Gefilde. Dabei war allgemein bekannt, dass nicht nur das durchschnittliche pro-Kopf Einkommen in diesen Ländern deutlich über dem deutschen liegt; viele dieser Länder locken auch mit einem besseren Sozialsystem, überlegenen Bildungssystemen, was gerade für junge Familien ansprechend ist, oder Gesundheitssystemen die weltweit ihresgleichen suchen.

Die Freunde und Bekannte mit denen ich damals über das Auswandern sinniert habe, sitzen wahrscheinlich noch heute, genau wie zu damaliger Zeit, jede Woche über ihrem Bierglas und jammern darüber, dass Sie auf keinen grünen Zweig kommen. Ich habe den Entschluss gefasst und wirklich etwas getan. Die bisher wohl beste Entscheidung meines Lebens.

Das ist auch der erste und zugleich wichtigste Rat, den ich dir mitgeben kann: allein vom Grübeln und Nachdenken kann man sich die wunderbarsten Träume und Luftschlösser konstruieren. In Erfüllung gehen können diese Wünsche aber erst, wenn man anpackt und sie in die Tat umsetzt.

Mach dir dabei dein eigenes Bild, schaue was der Arbeitsmarkt für dich in anderen Ländern bereithält, informiere dich nach Wohnungsmöglichkeiten sowie Mietpreisen und kalkuliere deine Lebenshaltungskosten dort realistisch. Das Internet, mitsamt der bekannten Frage-Antwort Portale, ist voll von Kommentaren, bei denen mir die Haare zu Berge stehen. Der Erste weiss zu berichten, dass man sich die Miete in der Schweiz gar nicht leisten kann, und dass das komplette Gehalt für eine kleine Wohnung drauf gehe, der Zweite schwadroniert darüber, dass man gar nicht mehr verdient als hierzulande und der dritte philosophiert über ausländerfeindliche Begegnungen, die das Leben in einem anderen Land so gar nicht lebenswert machen. Definitiv haben diese Vögel aber nur eins gemeinsam: nämlich keinen blassen Schimmer wovon sie reden. Ich würde darauf wetten, dass 95% dieser klugen Kommentareschreiber noch nicht einen Fuss für längere Zeit in ein anderes Land gesetzt haben.

Wie sieht die wirtschaftliche Situation in anderen Ländern aus? Auswandern- lohnt sich das?

Das Bundesinstitut für Bevölkerungsforschung in Wiesbaden hat in der anfänglich angesprochenen Studie ausgewertet, dass über 60% der Menschen, die den Schritt ins Ausland gewagt haben, angegeben haben, ihre finanzielle Situation bzw. hier Netto-Haushaltseinkommen sei besser oder viel besser als in der Heimat geworden. Als Nachteil stellte sich heraus, dass etwa 40% angaben, sie würden ihre gewohnten sozialen Kontakte vermissen und sich dadurch wieder in die Heimat gezogen fühlen. [2]

Wenn du neugierig bist, wie die Kosten-Nutzen-Rechnung in meinem persönlichen Fall aufgeht, habe ich meine Situation im zweiten Teil des Buchs in Tabellen- und Diagrammform dargestellt. Aus eigener Erfahrung kann ich dir schon mal vorweg nehmen, dass es kein Hexenwerk ist ein wenig mehr Wohlstand und finanzielle Freiheit zu erlangen. Und kompliziert ist daran auch nichts. Auch wenn es wie eingangs erwähnt mehr als ein Nachbarland gibt, in welchem die Perspektiven besser sind als in Deutschland (gerade bei der derzeitig boomenden Lage auf dem europäischen Arbeitsmarkt), werde ich mich auf die Schweiz beschränken, da ich selbst den Schritt hierher gewagt habe und daher in diesem Buch von fundierten Erfahrungen und Erlebnissen berichten kann. Viele meiner Tipps und Ratschläge lassen sich aber auch problemlos auf andere Länder übertragen.

---

[2] www.tagesschau.de/inland/studie-auswanderung-101.html vom 04. Dezember 2019

Also auch wenn dir ein anderes Land sympathischer als Ziel zum Auswandern scheint, wird dir dieses Buch sicherlich auch in der ein oder anderen Situation nützlich sein.

Derzeit leben etwa 4 Millionen deutsche Staatsbürger im Ausland. Damit hat jeder 20. Deutsche bereits den Schritt ins Ausland gewagt!

Hier habe ich dir eine Tabelle des Pro-Kopf Bruttoinlandsprodukts (BIP, alle Angaben in US $) nach Ländern erstellt, um dir auf einen Blick zu präsentieren, dass sich ein Blick über den Tellerrand durchaus (finanziell) lohnen kann. Ich habe nur eine kleine Auswahl an Ländern dargestellt, da die vollständige Liste der Länder komplett den Rahmen sprengen würde. In der vollständigen Liste schneidet Deutschland dabei mit Platz 20, zumindest für mich, überraschend mittelmässig im weltweiten Vergleich ab. Zumindest wenn man westeuropäische Standards als Massstab nimmt. Ein Vergleich mit Ländern wie Äthiopien, Burkina Faso oder dem Kongo hinkt, zumindest derzeit noch, dann doch ein wenig.

Land	**Pro-Kopf BIP US$**	**Pro-Kopf BIP KKS**
Luxemburg	115536	254
Schweiz	83161	157
Norwegen	81550	150
Irland	78335	187
Singapur	64579	-
USA	62869	143

Land	Pro-Kopf BIP US$	Pro-Kopf BIP KKS
Dänemark	60897	126
Australien	56420	-
Schweden	54356	121
Niederlande	53228	129
Österreich	51344	127
Deutschland	47662	123
Kanada	46290	-
Frankreich	42953	104
Grossbritannien	42580	104
Neuseeland	41205	-
Japan	39304	98
Italien	34321	95
Spanien	30733	91
Slowenien	26145	87
Portugal	23437	76
Griechenland	20317	68
Ungarn	16484	70
Rumänien	12270	64
Russland	11289	-

[3], [4]

3 Zahlen zum Pro-Kopf BIP in US $ aus dem Bericht des Internationalen Währungsfonds: www.imf.org (Stand vom 26. November 2019)

4 Pro-Kopf BIP in KKS: Bericht zur Statistik der Euroäischen Kommision zum BIP in KKS pro Einwohner, 2018

In der zweiten Spalte habe ich die Angabe des Bruttoinlandprodukts pro Einwohner nach Kaufkraftstandards (KKS) dargestellt. Hierbei handelt es sich um eine Vergleichswährung mit der die europäische Kommission das BIP pro Einwohner relativ zum Durschnitt der Europäischen Union (=100) berechnet hat.

Auch hier zeigt sich ein ähnliches Bild und Deutschland schneidet auch in Sachen Kaufkraft nur wenig über dem Durchschnitt ab.

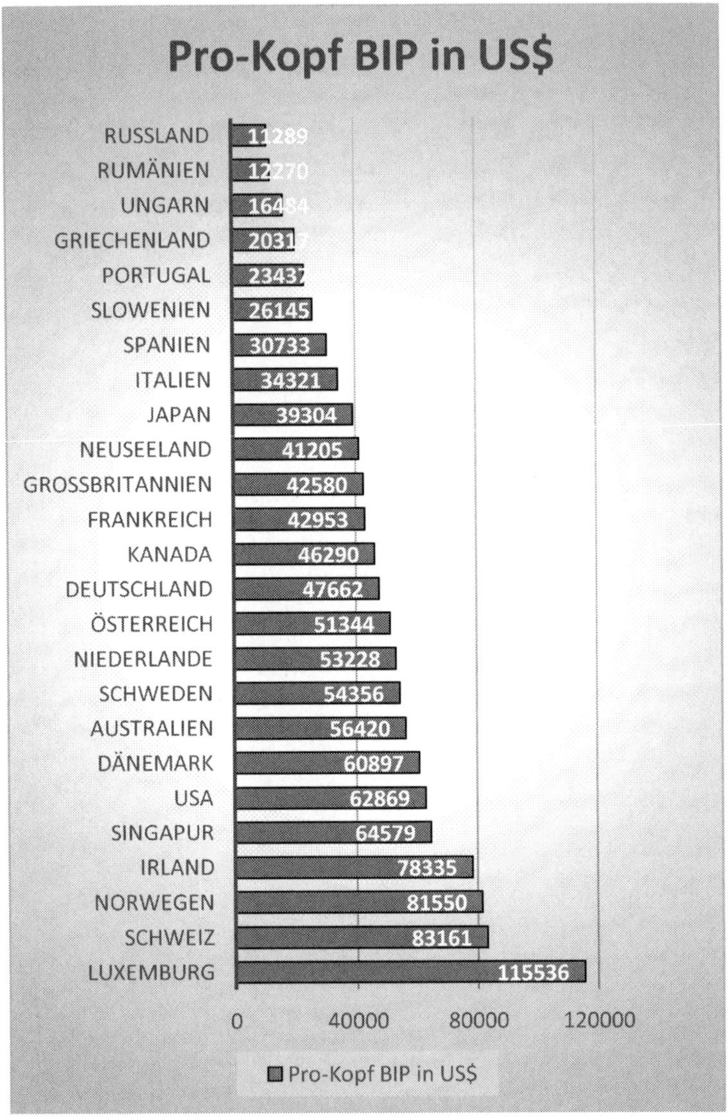
Pro-Kopf BIP in US$
RUSSLAND 11289
RUMÄNIEN 12270
UNGARN 16484
GRIECHENLAND 20317
PORTUGAL 23437
SLOWENIEN 26145
SPANIEN 30733
ITALIEN 34321
JAPAN 39304
NEUSEELAND 41205
GROSSBRITANNIEN 42580
FRANKREICH 42953
KANADA 46290
DEUTSCHLAND 47662
ÖSTERREICH 51344
NIEDERLANDE 53228
SCHWEDEN 54356
AUSTRALIEN 56420
DÄNEMARK 60897
USA 62869
SINGAPUR 64579
IRLAND 78335
NORWEGEN 81550
SCHWEIZ 83161
LUXEMBURG 115536
0
40000
80000
120000
Pro-Kopf BIP in US$

Als Diagramm wird der Unterschied zu den weltweit wohlhabendsten Nationen nochmals deutlicher. Ich habe mir vor Augen geführt, dass in anderen Ländern auch nicht mehr als in Deutschland gearbeitet wird und ich dabei, in diesem Vergleich, mit jeder abgearbeiteten Woche also bares Geld verschenkt habe. Hätte ich heute nochmal die Wahl, würde ich wohl als Luxemburger geboren werden.

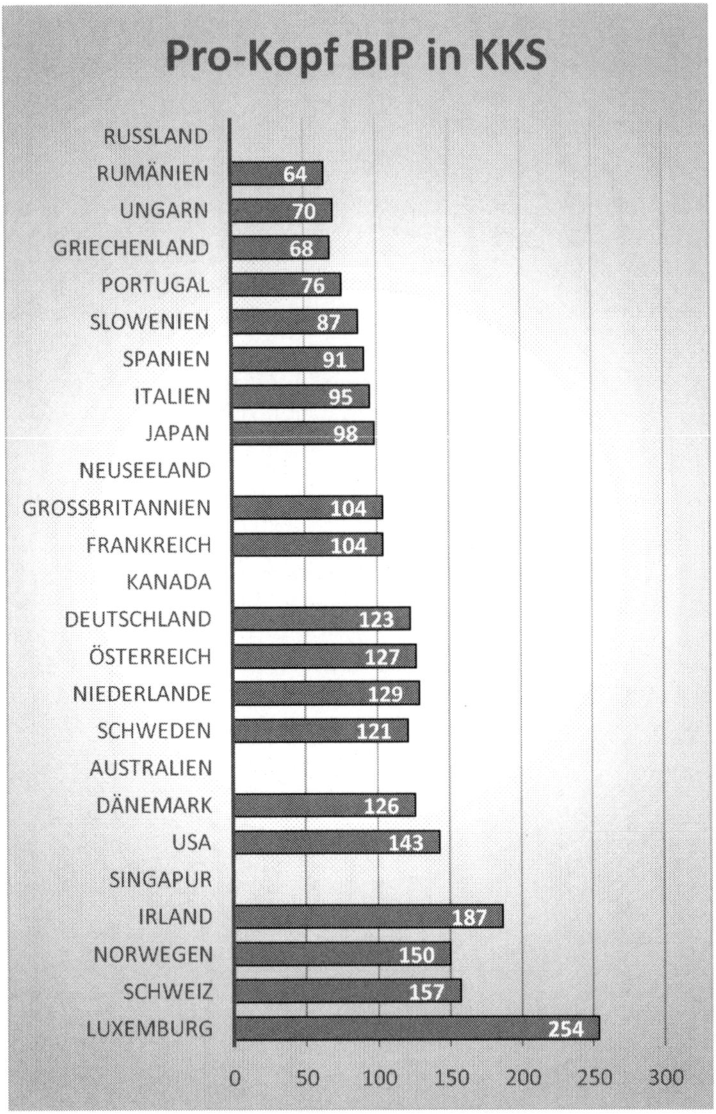

5

[5] Daten beider Diagramme aus der Tabelle zum Pro-Kopf BIP nach Ländern sowie Pro-Kopf BIP in KKS, eigene Darstellung

Dennoch nützt der höchste Gehaltscheck nichts, wenn man für sein Geld nichts bekommt. Daher habe ich dir im zweiten Diagramm auch noch den Kaufkraftstandard visualisiert. Auch hier zeichnet sich ein ähnliches Bild ab, in anderen Ländern bekommt man klar und deutlich mehr für sein Gehalt.

Viele "kluge" Leute haben mir versucht einzureden, dass auf Grund der höheren Lebenshaltungskosten auch nicht mehr vom Gehalt übrig bleibt als in der Heimat. Den Gegenbeweis sehe ich nun an jedem Monatsende auf meinem Konto und du siehst ihn in diesem Diagramm immerhin schon mal auf einen Blick.

Der Entschluss war gefasst – Ich hab dann einfach mal angefangen

Ich setzte mich im August 2018 also in meine Einzimmerwohnung in der Nähe von Frankfurt und machte mich daran Bewerbungen zu schreiben. Erst einmal musste Google bemüht werden, um mich auf den aktuellen Stand zu bringen, wie man eine vernünftige Bewerbung verfasst. Meine letzten ernsthaften Bewerbungsversuche lagen nämlich bereits ein paar Jahre zurück. Ich verfasste also ein halbes Dutzend Bewerbungen und schon kam die erste dicke Überraschung: unsere lieben Eidgenossen schienen wirklich händeringend Arbeitskräfte zu suchen, denn unter dem ersten halben Dutzend versendeter Bewerbungen befand sich nur eine Absage, einmal keine Reaktion und glatte vier Einladungen zu Vorstellungsgesprächen – und das war das Ergebnis innerhalb des ersten Tages, an dem ich die Umsetzung meiner Idee in Angriff nahm!

Telefonisch vereinbarte ich mit den zuständigen Personalern die mich eingeladen hatten also Vorstellungstermine, vier Gespräche an drei aufeinanderfolgenden Tagen, damit sich die Reise in die Schweiz auch lohnte. Die Termine legte ich mir auf meine freien Tage und buchte mir die passenden Zugtickets, die mich von Zürich, über Luzern bis an die Grenze zu Österreich durch die halbe Schweiz führten. Schon allein die Bahnstrecken, die teilweise zum Unesco-Weltkulturerbe zählen und zu den schönsten der Welt gehören, liessen mir den Mund offenstehen. Arbeitswege, mit denen ich mich durchaus anfreunden konnte und ein äusserst willkommener Kontrast zur Pendelei mit der Deutschen Bahn durch den Grossraum Frankfurt.

Die Vorstellungsgespräche – Eifriges Wettbieten um fachkundiges Personal

Der zweite Moment in dem mir die Kinnlade herunterfiel war das erste Vorstellungsgespräch: Nach einer halben Stunde des Kennenlernens und dem Abstecken der gegenseitigen Ziele und Wünsche für die geplante Zusammenarbeit hatte ich den ersten Arbeitsvertrag vor mir liegen: leider zwar nur ein Vertrag über eine Sommersaison, aber CHF 4200 (knapp 4000€) Monatsgehalt, eine schicke Personalwohnung und ein 13. Monatsgehalt, welches zumindest in der Schweizer Hotellerie zum Standard gehört.

Obwohl das 13. Monatsgehalt in der Schweiz sehr weit verbreitet und im Prinzip Standard ist, besteht kein gesetzlicher Anspruch darauf. Es handelt sich dabei um eine Sondervergütung, wird im Arbeitsvertrag eingebunden und wie ein ganz normales Monatseinkommen besteuert. Ausgezahlt wird das 13. Gehalt entweder jeden Monat anteilig oder als Einmalzahlung, dann meist im November oder Dezember.

Innerlich machte ich bereits jetzt, nach Tag eins in der Schweiz, Luftsprünge. Mir war zwar klar, dass die Schweiz besser zahlt als deutsche Arbeitgeber, doch mit so einem Angebot hatte ich nicht gerechnet. Mein insgeheimer Vorsatz als ich in Deutschland losgefahren bin war, mit 3000,-€ monatlich mehr als zufrieden zu sein, und alles über 3500,-€ sofort blind zu unterschreiben. Zugegeben, hätte ich mich im Vorfeld etwas besser informiert, wäre mir sofort klar geworden, dass dieses Angebot für Schweizer Verhältnisse sogar ein Stück unter dem Durchschnitt lag. Nichtsdestotrotz, ich war begeistert.

In der Schweiz gibt es noch keinen landesweiten gesetzlichen Mindestlohn. Gewerkschaften arbeiten derzeit daran, einen solchen zu etablieren. Bestimmte Kantone haben bereits eine Lohnuntergrenze vereinbart. Diese liegt zum Beispiel im Kanton Neuenburg bei 20,- Franken pro Stunde (~18,50€). Ein Vollzeit-Beschäftigter kommt damit auf etwa CHF 3800 pro Monat.[6]

6 Quelle: https://www.entsendung.admin.ch/Lohnrechner/lohnberechnung (Stand vom 26. November 2019)

Auch die Landschaft um das Hotel, in der Zentralschweiz auf einem Hochplateau gelegen, im Winter nur mit einer Gondelbahn erreichbar und an einem traumhaften Bergsee machten es mir schwer, nicht direkt meinen Friedrich-Wilhelm unter den Vertrag zu setzen. Nach Jahren in der Frankfurter City wäre diese Natur-Idylle auch genau das gewesen, wonach mir gerade der Sinn stand.

Weil allerdings noch drei Vorstellungstermine in den kommenden beiden Tagen auf mich warteten spielte ich ehrlich mit offenen Karten, bedankte mich erst einmal für das Angebot und steckte den Arbeitsvertrag ein, mit der Zusicherung mich auf jeden Fall nach den anderen Terminen direkt zu melden, sowie dem eigentlich festen Vorsatz bereits direkt dort anfangen zu wollen. Ich habe mich selten mehr geirrt.

Auch die anderen Gespräche verliefen unglaublich positiv. Ich hatte mittlerweile ja auch schon einige Jahre Berufserfahrung, und bewarb mich in einem Segment in dem Fachkräfte seit jeher händeringend gesucht werden. So bekam ich dann auch Zusagen in allen vier Hotels, bei denen ich vorstellig geworden bin. Doch ich bekam nicht nur die Job-Angebote: nachdem ich den Personalern mitteilte wie die vorherigen Gespräche gelaufen waren, überboten diese sich auch mit ihren Gehaltsangeboten.

Das vierte und letzte Hotel in dem ich meinen Termin hatte war in der Innenstadt von Zürich gelegen, also wieder in einer Grossstadt, was mir eigentlich gar nicht so recht passte. Allerdings war das Angebot nach den Zusagen der vorhergehenden Hotels nun mittlerweile auf CHF 4750,- (also etwa 4500,-€) angewachsen, plus das 13. Monatsgehalt kamen wir damit auf gut CHF 5100,- monatlich.

Schier unvorstellbar, wenn ich meinen derzeitig gültigen deutschen Arbeitsvertrag zum Vergleich danebengelegt habe.

In Kombination mit der offerierten günstigen Personalwohnung in der Züricher Innenstadt, keine drei Gehminuten vom Arbeitsplatz entfernt, sowie ausgesprochen tollen Mitarbeiter-Benefits, entschloss ich mich schweren Herzens dazu, dem ersten Angebot mit der Bergsee-Idylle abzusagen und unterschrieb den Vertrag in Zürich. 500,-€ mehr im Monat sind halt 500,-€ mehr im Monat.

Mit dem neuen Arbeitsvertrag in der Tasche ging es zunächst zurück nach Deutschland, wo die Augen erst einmal gross waren, als ich bei meinem damaligen Arbeitgeber die für diesen relativ überraschend kommende Kündigung einreichte. Mit der Vorfreude auf die neue Umgebung verging die noch abzuarbeitende Zeit der Kündigungsfrist allerdings wie im Flug, auch da natürlich die eine oder andere Sache noch vorzubereiten war.

An dieser Stelle kann ich aber auch schon mal eine deutliche Entwarnung geben – das Auswandern gestaltete sich wesentlich einfacher und unkomplizierter als ich es im Vorfeld befürchtet habe.

Letzte Erledigungen in der alten Heimat – Auf ins neue Abenteuer

In der Tat stellte es sich für mich am schwierigsten bei dem ganzen Unterfangen dar, meine Wohnung noch termingerecht loszuwerden, denn der Mietvertrag hatte mit drei Monaten die längste Kündigungsfrist all meiner Verträge. Als ich meiner Vermieterin allerdings einen Nachmieter präsentierte, mit dem sie sich auch einverstanden zeigte, kam ich auch zügig aus dem Mietvertrag raus. Selbst wenn es daran gescheitert wäre, hätte ich die Miete halt noch ein bis zwei Monate bis zum Ende der regulären Kündigungsfrist weiter gezahlt, denn wie oben gesehen, wäre das mit dem neuen Gehalt jetzt nur noch ein kleines Ärgernis gewesen.

Frühestens 14 Tage bevor man das Land verlässt, kann man sich dann bei seinem zuständigen Stadtbüro bzw. Einwohnermeldeamt ins Ausland abmelden, was ebenfalls ganz zügig und unkompliziert geht. Auf die bürokratischen Details werde ich im zweiten Abschnitt des Buches aber noch genauer eingehen. Eins vorweg: viele Verträge und Versicherungen haben in Deutschland ein Sonderkündigungsrecht, sobald man ins Ausland umsiedelt. Um lange Kündigungsfristen wie etwa bei einer Mitgliedschaft im Fitnessstudio oder einer noch laufenden Haftpflicht- oder Hausratsversicherung braucht man sich in den meisten Fällen daher auch keine Sorgen machen.

Für die Abmeldung ins Ausland sind bis auf deinen gültigen Personalausweis keine Nachweise oder Dokumente notwendig.

In der Schweiz angekommen – Meine ersten Schritte

Mit gepackten Koffern machte ich mich im September dann also auf den Weg nach Zürich. Dort angekommen wurde ich sowohl von den Kollegen als auch den Zürichern sehr herzlich aufgenommen. Ich hatte keinerlei Verständigungsprobleme, da jeder Schweizer Hochdeutsch (oder wie es hier heisst: Schriftdeutsch) spricht, und ich habe bis heute auch keine reservierten, vorurteilsbehafteten oder ausländerfeindlichen Begegnungen erlebt.

Unterlagen die du bei der Anmeldung des neuen Wohnsitzes dabei haben musst:

- **die Abmeldebescheinigung von deinem Stadtbüro bzw. Einwohnermeldeamt aus Deutschland**
- **den neuen Arbeitsvertrag der deine Beschäftigung in der Schweiz nachweist**

In der neuen Wohnung angekommen führte mich der erste Gang zum Kreisbüro in Zürich, wo auch die erste kleine negative Überraschung auf mich wartete. Zwar waren die Mitarbeiter auch überaus freundlich und kompetent und die Wartezeiten kurz, doch musste ich hier schon mal lernen: in der Schweiz gibt es NICHTS umsonst! Für die Anmeldung des neuen Wohnsitzes, was in Deutschland fast selbstverständlich kostenfrei ist, wird hier eine Gebühr verlangt, die je nach Kanton unterschiedlich hoch ausfällt. Nicht nur bei einer Beantragung einer Aufenthaltsbewilligung und Umzug in die Schweiz, sondern auch bei jedem Wohnsitzwechsel innerhalb des Landes.

Dank der hilfsbereiten Mitarbeiter waren die wenigen Formalitäten in Windeseile erledigt und nur wenige Tage später hatte ich meinen Schweizer Ausländerausweis in den Händen.

Nachdem ich gerade im neuen Job angekommen war und anfing mich in Zürich einzuleben (ich fühlte mich in dieser Stadt pudelwohl und habe beinahe jeden Abend am Zürichsee verbracht) ploppte nach nur drei Wochen eine weitere ausserordentlich schöne Überraschung in meinem E-Mail Postfach auf. Das idyllische Bergsee-Hotel, das mir das erste Job-Angebot unterbreitet hatte und welches ich beinahe unterschrieben hätte, war immer noch auf der Suche nach dem passenden Kandidaten für die Stelle.

Der Personalleiter hatte mich von unserem doch relativ kurzen Gespräch noch in so guter Erinnerung, dass er mich nach meiner vorherigen Absage nun aus Zürich abwerben wollte. Dazu stockte er sein Angebot noch einmal um knapp 20% auf. CHF 4800,- mal 13, Personalwohnung und Mitarbeiterverpflegung. Das Ganze in Verbindung mit einer traumhaften Landschaft und einer Ruhe, wie ich sie mir die letzten Jahre in Frankfurt immer gewünscht habe. Wow.

Da ich mich für einen loyalen Menschen halte und mich auch in dem neuen fantastischen Team perfekt eingelebt hatte, fiel mir die Entscheidung alles andere als leicht. Schlussendlich überwog allerdings der Ruf nach Ruhe und Erholung in der Natur und das wortwörtliche – dort arbeiten, wo andere Urlaub machen.

Ich kündigte nach nur 4 Wochen in Zürich, und da eine Probezeit ja Gott sei Dank für beide Vertragsseiten gilt, kam ich nach nur zwei Wochen ohne längere Kündigungsfrist und ohne Strafe aus dem Arbeitsvertrag raus. Im Oktober trat ich bereits meine neue Stelle auf einem Gipfel in der Zentralschweiz, unweit von Luzern an, wo ich auch aktuell noch arbeite.

Eine Probezeit ist nicht nur für den Arbeitgeber von Vorteil. Bist du dir bei einer neuen Stelle also unsicher, behalte im Hinterkopf, dass auch du die neue Position ganz risikofrei während deiner Probezeit ausprobieren kannst. Solltest du dich in der neuen Umgebung doch nicht wohlfühlen, kannst du die neue Stelle während der laufenden Probezeit problemlos wieder an den Nagel hängen!

Rückblickend muss ich sagen, dass die Entscheidung in Zürich ein fantastisches Team mit tollem Arbeitsklima zurück zu lassen der mit Abstand schwierigste Teil des Jobwechsels war, und dass das auch der Aspekt ist, auf den ich ein kleines bisschen wehmütig zurückblicke. Dennoch bin ich zufrieden mit dem Wechsel, auch hier stellte sich das Betriebsklima als genauso entspannt und freundlich wie das vorherige in Zürich heraus, und Natur und Erholung entschädigen auf jeden Fall für die ein oder andere Querele, die die abgelegene Lage hier auf dem Berggipfel manchmal mit sich bringt. Ohne den Grossstadtstress fühlt es sich auch nach nun schon fast zwei Jahren immer noch wie (hervorragend) bezahlter Urlaub an. Wie man neudeutsch so schön sagt, die Work-Life-Balance ist einfach unvergleichlich besser.

Die neue Arbeitsumgebung wirkt sich nicht nur positiv auf den Geldbeutel aus – Effekte auf Gesundheit und Selbstzufriedenheit

Ich merke beinahe von Tag zu Tag, dass es mir mit der neuen Lebenssituation auch ganz allgemein wieder besser geht. Mir nicht bereits am Monatsanfang schon Sorgen um das Budget machen zu müssen und auch einmal eine unvorhergesehene Rechnung direkt begleichen zu können ist ein ganz neues Gefühl und eine enorme Erleichterung zu dem psychischen Druck, den allein das leere Konto in Deutschland ständig ausgelöst hat.

Auch meine Antriebslosigkeit ist grösstenteils verschwunden, ich bin wieder motiviert etwas zu machen. Sei es regelmässiger Sport, Weiterbildung (mein Fernstudium nimmt auch endlich wieder Fahrt auf), oder einfach meine wiederentdeckte Reiselust. Dinge, zu denen ich mich in Deutschland absolut nicht mehr aufraffen konnte, oder wenn doch mal ein Motivationsschub kam, dann die Zeit oder viel zu oft einfach nur das Geld fehlten.

Durch die Ruhe und fehlende Ablenkung hier oben habe ich wieder Zeit und Lust, mich der Arbeit an mir selbst zu widmen und Dinge umzusetzen, von denen ich schon seit Jahren immer nur geträumt habe. So arbeite ich neben dem Beruf gerade am Aufbau meiner ersten eigenen Firma, die hoffentlich noch in diesem Jahr ihren Eintrag ins Handelsregister findet, und ich schreibe sogar (wer hätte es beim Lesen ebendieses gedacht) ein Buch.

Wohlstand und finanzielle Freiheit sind nicht länger reine Utopie

Jeder kennt das Sprichwort "Geld allein macht nicht glücklich", und da ist sicher auch etwas Wahres dran. Aber es ist trotzdem unglaublich gut für das Selbstwertgefühl, wenn man jeden Monat auch mal ein wenig Geld sparen kann und nicht nur mit Bauchweh zum Briefkasten geht, weil man Angst vor der nächsten Rechnung hat.

Ich habe angefangen mir ein kleines Aktiendepot anzulegen, auf das ich jeden Monat etwas Geld unterbringe, das ich nun übrig habe. Da ich hier oben in der Natur kaum Möglichkeiten habe welches auszugeben, ist es auch manchmal schon fast ein ganzes deutsches Monatseinkommen, was einfach auf dieses "Sparbuch" wandert. Es macht mir riesige Freude und gibt mir eine unglaubliche Zufriedenheit, dieses Sparvermögen wachsen zu sehen, nachdem ich jahrelang ständig kurz vor der Pleite stand.

Und um es noch einmal zu betonen, all diese positiven Effekte konnte ich erreichen ohne dass ich mehr oder härter arbeiten musste. Ganz im Gegenteil, im Vergleich zu den deutlich schlechteren Arbeitsbedingungen bei meinen Betrieben in Deutschland, habe ich hier sogar eine wesentlich entspanntere Arbeit gefunden, die mir mehr Zeit für meine persönliche Entfaltung lässt. Alles was dafür nötig war, war ein Blick über den Tellerrand – und vor allen Dingen die Bereitschaft den Schritt des Auswanderns tatsächlich anzupacken und dieses Abenteuer zu wagen.

Ich habe mich nie zu denjenigen gezählt, die besonders enge soziale Bindungen für nötig halten. Dennoch habe auch ich mir natürlich Gedanken gemacht wie ich damit klar kommen würde meinen bestehenden Bekanntenkreis zurück zu lassen. Auch eine gewisse Angst vor sozialer Isolation schwebte in den Überlegungen manchmal sicherlich mit. Aber auch diese Befürchtungen stellten sich im Nachhinein als vollkommen unbegründet heraus.

In meinem jetzigen Betrieb arbeiten, neben unheimlich vielen Deutschen, überwiegend Menschen, die aus aller Herren Länder in die Schweiz gekommen sind. Diese Leute, die im Grossen und Ganzen allesamt lediglich ihre gemeinsame Geschichte vom Auswandern verbindet, sind wohl die offensten und aufgeschlossensten Menschen denen ich bisher begegnen durfte. Positiver Nebeneffekt: oberflächliche Bekanntschaften, Schnorrer und Saufkumpane aus der Heimat sind von heute auf morgen ebenfalls von der Bildfläche verschwunden. Zu den echten Freunden habe ich weiterhin Kontakt.

Solltest auch du dich in meiner Geschichte ein klein wenig wiederfinden und dich von ihr inspiriert haben lassen, möchte ich dir im zweiten Teil dieses Buchs jetzt konkrete Hinweise und Empfehlungen geben, wie du den Schritt erfolgreich meisterst. Wie bereits gesagt – keine Angst, es ist gar nicht so kompliziert wie man denkt. Dennoch gibt es die eine oder andere Stolperfalle, bei der ich dir sicher helfen kann, nicht die gleichen Fehler wie ich zu machen.

Teil II - Start in dein neues Leben

Grundlegendes – Was machen die hier anders?

Dir dürfte vermutlich schon aufgefallen sein, dass im ganzen Buch kein „ß" zu finden ist. Okay, bis auf dieses eine. Ich halte mich eigentlich nicht für einen Legastheniker, sondern das liegt einfach daran, dass es in der Schweizer Sprache kein scharfes S gibt. Man findet es nicht mal auf einer handelsüblichen Computertastatur, ich habe dieses eine nur als Sonderzeichen eingefügt und mich ansonsten dem Schweizer Schriftdeutsch angepasst.

Schweizerdeutsch an sich zu erklären ist wahnsinnig kompliziert, weil die Sprache so unkompliziert ist. Man bekommt den Eindruck, dass man hier reden und schreiben kann, wie einem der Sinn steht. Es gibt für die einzelnen Mundarten quasi keine festgeschriebenen Regelungen. So wundert es auch nicht, dass es in jedem der 26 Kantone gefühlt auch 26 verschiedene Mundarten gibt. Es kommt durchaus vor, dass drei Schweizer zusammenstehen, und keiner ein Wort vom anderen versteht. Treffen sich \`nen Friese, \`nen Sachse und \`nen Bayer in \`ner Bar....

Die meisten Schweizer finden es übrigens eher peinlich, wenn man versucht die Mundart nachzuäffen. Als Neuling in der Schweiz sollte man dies Fremden gegenüber also erstmal vermeiden, bis man sich einigermassen eingewöhnt und die Grundlagen der Sprache gemeistert hat.

Für landesweit genormte Begrifflichkeiten gibt es sogar einen eigenen Duden: Schweizerdeutsch – Hochdeutsch, Hochdeutsch – Schweizerdeutsch. Statt Hühnchen liegt hier Poulet im Kühlregal, auf der Pizza gibt\`s nur Crevetten, die deutsche Krabbe sucht man vergebens. In der Bar wird man verdutzt angesehen, wenn man auf die Idee kommt ein Radler zu bestellen (landestypische Bezeichnung ist das

Pannasch) und das kleine Bier wird als Stange serviert. Bitte bestell in der Schweiz kein Colabier, damit machst du dich in etwa so beliebt, wie jemand der in Frankfurt einen Apfelwein mit Cola ordert. Käsemaccaroni sind hierzulande ebenfalls unbekannt, auf jeder Almhütte findet man aber Älplermagronen mit Käse. Das gleiche in grün.

Auch nach meinen zwei Jahren in der Schweiz habe ich durchaus noch Momente, in denen ich mir den einen oder anderen Begriff auf einer Speiskarte doch nochmal erklären lassen muss. Diese Situationen sorgen aber eher für allgemeine Erheiterung als für peinliche Berührung. Meistens zumindest.

Wer sich hier nachmittags auf die Suche nach Kaffee und Kuchen begibt wird leider schnell enttäuscht werden, dieser Brauch ist hier nämlich gänzlich unbekannt. In den meisten Restaurants gibt es nicht mal Kuchengabeln. Stattdessen werden hier den ganzen Tag über Schinken, Trockenfleisch und Käse als das allseits beliebte "Plättli" gereicht.

Weitere Unterschiede in kulturellen Feinheiten offenbaren sich nicht auf den ersten Blick, sind aber durchaus vorhanden. Statt dem Kartenspiel Skat wird hier dem Jassen gefrönt, statt "Mensch-ärgere-dich-nicht" gibt es hier die weit verbreitete Version Brändi-Dog. Der Nationalsport der Schweiz ist das Schwingen, eine Abwandlung des Ringens. Hierzu gibt es grosse Events und Meisterschaften, die oft in Open-Air Veranstaltungen organisiert werden und sich landesweiter Beliebtheit erfreuen. Statt Fussball und Formel 1 schaut man in der Schweiz eher Skisportarten und Eishockey.

Der Schweizer Nationalfeiertag ist übrigens der 1. August, der in der Nacht vom 31. Juli auf den 1. August mit Feuerwerk und Partys allerorts begangen wird. Hier wird die Gründung der Schweiz bzw. der sogenannte Bundesbrief von 1291 gefeiert, den die drei Urkantone Uri, Schwyz und Unterwalden damals unterzeichnet haben sollen.

Hier, im zweiten Teil des Buchs habe ich einige Rechenbeispiele eingepflegt, die in der Landeswährung Schweizer Franken (CHF) angegeben sind. Die Schweizer sind überaus stolz auf Ihren Franken und bis heute steht eine Euro-Einführung nicht mal zur Debatte.

Der Wechselkurs ist relativ stabil, 1,- € entspricht in etwa 1,03-1,10 CHF. Bei kleineren Beträgen rechne ich daher auch heute noch einfach 1:1 um. Mit diesem Wissen habe ich es mir im Folgenden gespart an jede Tabelle und jedes Diagramm einen Umrechnungskurs zu schreiben. Das ist nicht unbedingt meiner Faulheit geschuldet, sondern dient einfach der Übersichtlichkeit.

Bei allen guten Tipps und Ratschlägen, die ich für dich zusammengefasst habe, beachte bitte, dass es immer zu Fehlern kommen kann. Viele Dinge sind auch von Kanton zu Kanton unterschiedlich geregelt, oder werden im Lauf der Zeit einfach aktualisiert oder geändert. Bitte nimm im Zweifel also nicht alle Angaben als in Stein gemeisselt, sondern informiere dich in komplizierten Angelegenheiten bitte auch nochmal an fachkundiger Stelle.

Warum überhaupt auswandern? – Und ist das nicht schrecklich kompliziert?

Den Entschluss zu fassen, sich im Ausland niederzulassen kann vielerlei Gründe haben. Bei mir war es vor allem meine desolate Finanzlage, bei der ich quasi mit dem Rücken zur Wand stand. Ausserdem (und der Grund wird mir erst nachträglich mehr und mehr bewusst) war die Verbesserung der Lebensqualität in einer fantastischen Landschaft und ohne den alltäglichen Druck des alten Arbeitsplatzes mindestens genau so viel Wert wie die höheren Gehaltschecks.

Wenn du dich da wieder findest und dich ebenfalls nach ein bisschen mehr Wohlstand und finanzieller Freiheit sehnst, ruf dir doch einfach noch einmal meine Übersicht zum Pro-Kopf BIP vom Anfang des Buchs ins Gedächtnis. Man muss es sich nicht schwerer machen als nötig, und wenn dir keine schwerwiegenden Hindernisse im Weg stehen, dann gestaltet sich der Schritt in ein neues Leben deutlich einfacher als du wahrscheinlich vermutest.

Als Beispiele, die mir gerade einfallen, welche den Schritt in ein anderes Land verkomplizieren könnten, fallen mir etwa schulpflichtige Kinder ein, die nicht aus Ihrer gewohnten Umgebung gerissen werden sollen, oder der Partner, der vielleicht berufsbedingt an einen Ort gebunden ist. Mit ein wenig Kompromissbereitschaft und dem Mut etwas Neues zu beginnen, lässt sich aber auch mit Familie meist eine Lösung finden, neue Wege einzuschlagen.

Wenn du schon mal so mutig bist und den Blick ins Ausland wagst, lass dich auf keinen Fall von anderen beeinflussen, die dir deine Idee madig reden wollen. Höre nur darauf was dein Gefühl dir sagt. Wer nichts wagt, kann auch nichts gewinnen!

Vielleicht hast du auch eine komplett andere Motivation die dich antreibt und du möchtest dich einfach nur ein paar Monate in einem anderen Land umsehen, etwas erleben oder das Arbeiten dort mal ausprobieren. Work & Travel erfreut sich ja schon seit vielen Jahren stetig zunehmender Beliebtheit. Man lernt schnell einen Haufen interessanter neuer Leute kennen und sammelt tolle Erfahrungen, die man definitiv verpasst, wenn man sich nicht aus der eigenen Komfortzone bewegt.

Ausserdem macht sich eine Anstellung bei einem internationalen Unternehmen immer gut im Lebenslauf. Dabei ist es beinahe nebensächlich wo oder als was man gearbeitet hat, Zeit im Ausland verbracht zu haben macht Eindruck!

Es zeigt dem Arbeitgeber vor allem, dass du auch grössere Vorhaben organisieren und erfolgreich umsetzen kannst, dass du in der Lage bist dich auch um aussergewöhnliche Belange wie Visa, Auslandsversicherungen etc. eigenverantwortlich zu kümmern und dass du ein Talent zur Selbstorganisation hast. Für Berufe in denen eigenständiges Arbeiten gefragt ist definitiv ein deutliches Plus!

Zieht es dich in den nicht-deutschen Sprachraum sind erworbene Fremdsprachenkenntnisse selbstverständlich auch immer ein starkes Zugpferd in deinem Lebenslauf, vor allem wenn man nachweisen kann, dass man vor Ort gelebt und diese dort aktiv angewendet hat.

Übrigens, weiter oben habe ich geschrieben, dass Kinder ein Grund dafür sein können, die gewohnte Umgebung nicht zu verlassen. Dieses Argument gilt aber genauso gut anders herum, beispielsweise bei Schwierigkeiten oder Problemen in der Schule kann ein Ortswechsel durchaus eine willkommene Wendung bringen.

Was auch immer deine Beweggründe sein mögen, Hauptsache du machst es. Ich kann dir wertvolle Tipps und Ratschläge mit an die Hand geben, umsetzen kannst du dein Vorhaben aber nur allein!

Im Anhang dieses Buches findest du übrigens ausreichend Platz, um deine eigenen Notizen festzuhalten. Schreibe dir Gedankenblitze, deine Wünsche und Ideen auf, sobald Sie dir in den Sinn kommen! Auf diese Weise geraten Sie nicht in Vergessenheit, und du hast später wertvolle Ansatzpunkte schnell wieder parat.

Vor der Auswanderung – Die Idee ist geboren

Du hast dir also überlegt, dass auch du dir zumindest einmal anschauen möchtest, was unsere freundlichen Eidgenossen für dich zu bieten haben? Herzlichen Glückwunsch! Definitiv eine kluge und umsichtige Entscheidung. Selbst wenn du dich im Endeffekt doch nicht dafür entscheiden solltest, Deutschland den Rücken zu kehren, so wirst du allein dadurch, dass du dich informierst bereits deinen Horizont erweitern. Und das kann bekanntlich nie schaden.

Am Anfang eines neuen Jobs steht wie überall auf der Welt erst einmal die Stellensuche. Wenn du genauso gut Französisch sprichst wie ich, das heisst deine Fertigkeiten sich darauf beschränken dir mit Händen und Füssen ein Baguette und ein Bier zu bestellen, dann rate ich dir, dich auf die deutschsprachigen Gebiete zu beschränken. Will heissen, vor allem die nördliche / nordöstliche sowie die Zentralschweiz. Obwohl die Schweiz vier Amtssprachen hat und knapp 20% der Schweizer französischsprachig sind, ist in diesen Bereichen die Gefahr eher gering, freilaufende Franzosen anzutreffen.

Hochdeutsch (Schriftdeutsch) ist ein fester Bestandteil des Schweizer Bildungssystems, daher sind Kommunikationsprobleme auf Deutsch äusserst selten, obwohl es offiziell vier Amtssprachen in der Schweiz gibt.

Für die Schweiz generell ist das Jobportal jobs.ch empfehlenswert, aber auch grosse internationale Börsen wie Jobscout24 oder Monster.de haben viele Stellenangebote in der Schweiz im Repertoire. Solltest du in einer bestimmten

Branche etwas für dich suchen, so können Portale wie beispielsweise ICTJobs.ch für Jobs in der Softwarebranche oder Hotelcareer wie in meinem Fall äusserst hilfreich sein.

Hast du bereits eine bestimmte Stadt im Blick, für die du dich besonders interessierst, so können natürlich auch lokale Tageszeitungen mit Stellenanzeigen durchaus das Mittel der Wahl sein. Selbstverständlich haben auch Schweizer Unternehmen auf ihren Online-Präsenzen eigene Stellen ausgeschrieben. Falls du bereits ein Auge auf ein bestimmtes Unternehmen geworfen hast, lohnt sich auch auf jeden Fall ein Besuch auf der hauseigenen Website.

Bewerbungsverfahren – Business as usual

Bei der Bewerbung gibt es meiner Erfahrung nach keine grossen Unterschiede zu einer Bewerbung wie man sie in Deutschland verschicken würde. Die ein oder andere Begrifflichkeit wird sicher direkt verraten, dass man der Schweizer Mundart nicht mächtig ist, allerdings sind diese Unterschiede so marginal, dass man die meisten wahrscheinlich auch nach Jahren in der Schweiz noch nicht drauf haben wird. Und Dank der offenherzigen Schweizer Kultur gibt es auch gar keinen Grund, seine deutschen Wurzeln irgendwo zu verstecken (spätestens im Lebenslauf steht es ja sowieso drin). Da die Schweizer im Schriftverkehr ebenso auf Hochdeutsch kommunizieren (daher heisst es hier ja auch "Schriftdeutsch"), braucht man gar keine falsche Scheu haben seine Bewerbung einzureichen.

Eine kleine Feinheit ist mir in meiner Zeit bisher dann aber doch aufgefallen, und zwar dass die Arbeitgeber hier sehr Zeugnis-affin zu sein scheinen. Dies kann nur meine eigene subjektive Wahrnehmung sein, dennoch habe ich den Eindruck gewonnen, dass es hier nicht schaden kann lieber ein Zeugnis, dass man vorweisen kann, zu viel, als eins zu wenig an die Bewerbung zu heften.

Bewerbungstermine bündeln um Reisekosten zu sparen

Wenn du es weit bis in die Schweiz hast, würde ich auf jeden Fall empfehlen mehrere Bewerbungen abzuschicken und bei positiver Rückmeldung ein paar Termine, so wie ich es gemacht habe, in eine Woche zu legen. So lohnt sich die lange Fahrt und die Chance vergrössert sich, nicht mit leeren Händen nach Hause fahren zu müssen, auch wenn das erste Vorstellungsgespräch nicht direkt klappen sollte. Da es im Bewerbungsverfahren aber keine wesentlichen Unterschiede zum deutschen gibt, möchte ich hier auch nicht weiter auf Bewerbungen oder Vorstellungsgespräche eingehen. Wer mehr darüber wissen möchte wie eine vernünftige Bewerbung auszusehen hat oder wie man sich richtig auf ein Vorstellungsgespräch vorbereitet, dem seien einerseits die unzähligen Ratgeber die das Internet bereits zu diesen Themen parat hält, oder einfach die gängige Fachliteratur, ans Herz gelegt.

Möchtest du lieber mit dem eigenen Auto in die Schweiz fahren, musst du noch beachten dass man die Vignette für die Fahrt auf Schweizer Autobahnen braucht. Diese kostet aktuell CHF 40,- und ist vom 1. Dezember des letzten Jahres immer bis zum 31. Januar des Folgejahres, also 14 Monate lang gültig. Tages- oder Wochen-Vignetten gibt es hingegen nicht.

Bei der Fahrt mit der Bahn bekommt man über die App der Deutschen Bahn Fahrkarten von ganz Deutschland bis in jede grössere Stadt der Schweiz. Dazu bietet die Bahn verschiedene Europapreise an, mit einigen dazugehörigen Sparpreismodellen. Mitunter kommt man für 25,-€ von Frankfurt bis Luzern, manchmal zahlt man aber auch 200,-€ (2. Klasse, ohne Bahncard), abhängig von Buchungslage und -zeitpunkt.

Die Grenze zur Schweiz ist genauso geöffnet wie zu allen anderen EU Staaten – man kann problemlos von Deutschland aus einreisen, kontrolliert wird an den Grenzen nur selten und stichprobenartig.

Der neue Arbeitsvertrag ist unterschrieben! Was nun?

Sobald die grösste Hürde genommen ist und der neue Job in der Schweiz ergattert ist – herzlichen Glückwunsch! Der spannende Start in ein neues Leben kann beginnen.

Nachdem die Wohnung in der Heimat aufgelöst ist, solltest du nicht vergessen beim örtlichen Bürgerbüro vorbei zu sehen und dich ins Ausland abzumelden.

Das ist ab 14 Tage vor der endgültigen Ausreise ins Ausland möglich und die Abmeldebescheinigung die man erhält, ist später im Zielland eines der wichtigsten Dokumente überhaupt.

Man spart sich viel Zeit und Nerven, wenn man diese direkt beim Umzug in die Schweiz mitbringt, am besten doppelt: in Papierform und als digitale Kopie oder Scan.

Die Abmeldebescheinigung wird nicht nur für die Anmeldung des neuen Wohnsitzes in der Schweiz benötigt, vielmehr auch wenn man laufende deutsche Verträge wie bestehende Konten, Aktiendepots, Kreditkarten oder Versicherungen kündigen oder umschreiben möchte, wird diese Bescheinigung verlangt. Kümmere dich frühzeitig um neue Versicherungen, denn beispielsweise die deutschen Hausrats- und Haftpflichtversicherungen greifen nicht mehr, sobald du deinen Wohnsitz in die Schweiz verlegt hast!

Viele Verträge, wie beispielsweise die Mitgliedschaft in einem Fitnessstudio sowie die meisten Versicherungen haben im Kleingedruckten ein Sonderkündigungsrecht wenn man ins Ausland umzieht. Mach dir das zu Nutze!

Bei der Krankenversicherung ist es nicht ganz so eilig. Sobald man von den Schweizer Behörden erfasst wurde (Stichtag ist der Tag der Einreise und dieser wird in der Aufenthaltsbewilligung vermerkt) ist man abgesichert. Auch im Krankheitsfall kann man sich noch einen Anbieter auswählen. Man hat bis zu einem Jahr Zeit, sich für eine

Versicherung zu entscheiden. Sollte man innerhalb eines Jahres nach der Einreise noch keine Krankenversicherung abgeschlossen haben, wird man von den kantonalen Behörden einem Anbieter zugeteilt. Hier hat man dann aber sicher nicht die günstigste mögliche Lösung und ich würde dir dringend dazu raten, dir selbst einen Versicherungsanbieter zu wählen.

Da man Versicherungsschutz ab dem Tag der Einreise geniesst, auch ohne bereits bei einem Anbieter unter Vertrag zu sein, wird auch ab dem Einreisedatum der volle Versicherungsbeitrag fällig. Entscheidet man sich also erst 12 Monate nach der Einreise für eine Police, muss man auch die Krankenversicherungsbeiträge für das volle Jahr nachzahlen!

Für mich hat das Vergleichsportal comparis.ch sehr gut funktioniert, es gibt aber auch diverse andere Vergleichsportale. Die Suchmaschine deines Vertrauens leistet dabei schnell gute Dienste.

Eine neues zu Hause finden

Ich hatte das Glück bei meinen beiden bisherigen neuen Arbeitgebern in der Schweiz eine Personalwohnung gestellt zu bekommen, daher kann ich zur Wohnungssuche in der Schweiz aus eigener Erfahrung noch nicht viel sagen. Vom Hörensagen konnte ich aber herausfinden, dass es, wenig überraschend, nicht viel anders aussieht als in Deutschland – In den Zentren der Grossstädte sind die Mieten teils extrem hoch (selbst für Schweizer Gehälter), im grösseren Umkreis wird es aber schnell günstiger und in den ländlicheren Gegenden auch durchaus erschwinglich.

Die neue Wohnung anmelden – Deinen Wohnsitz in die Schweiz verlegen und Steuern sparen

Ist der neue Wohnsitz gefunden und ein Mietvertrag unterschrieben kann man endlich den Weg zum nächsten Kreisbüro bzw. Einwohnermeldeamt antreten und sich zusammen mit dem neuen Arbeitsvertrag, einem aktuellen Passfoto und der Abmeldebescheinigung aus Deutschland endlich in der Schweiz anmelden. Man lernt spätestens hier die Lektion: in der Schweiz gibt es nichts umsonst!

So wird für eine An- oder Ummeldung (auch bei einem einfachen Umzug innerhalb der Schweiz) je nach Kanton eine Gebühr zwischen 40,- CHF und 90,- CHF fällig.

Erst nach erfolgter Anmeldung des neuen Wohnsitzes in der Schweiz kann man sich dann auch daran machen Verträge in der neuen Heimat abzuschliessen. Allgemein kann man sagen je länger dabei die genehmigte Aufenthaltsdauer ist, umso leichter ist es auch einen Vertrag von einem heimischen Anbieter zu bekommen. Beispielsweise nehmen manche Banken und viele Mobilfunkanbieter keine Kunden an, die nur über eine L-Bewilligung (Gültigkeitsdauer max. 12 Monate) verfügen. Mit der L-Bewilligung muss man unter Umständen etwas suchen, um eine Bank zu finden, die einen als Kunden akzeptiert, oder sich bei einem Mobilfunkvertrag erstmal mit einem Pre-Paid Tarif zufriedengeben.

Dazu aber später mehr, grosse Probleme treten aber auch hier in aller Regel nicht auf. Mit meiner B-Bewilligung mit einer Gültigkeit von fünf Jahren traten bei mir bisher noch nirgendwo irgendwelche Komplikationen auf wenn ich versuchte etwas einzurichten oder einen Vertrag abzuschliessen.

Wie du gleich sehen wirst, lohnt es sich definitiv in der Schweiz seine Steuern zu zahlen, die Steuerlast ist hier deutlich geringer als sie es in Deutschland ist. Doch dazu gleich mehr!

Visum? Aufenthaltsbewilligungen? Steuern? Das klingt viel zu kompliziert. Falsch!

Je nach Art deines Arbeitsvertrags bekommst du in der Schweiz also unterschiedliche Aufenthaltsbewilligungen (sog. Ausländerausweise) welche sich hauptsächlich durch ihre Gültigkeitsdauer unterscheiden.

Bei Tätigkeiten von bis zu drei Monaten oder 90 Arbeitstagen im Kalenderjahr benötigt man als EU Staatsbürger keine gesonderte Aufenthaltsgenehmigung. Es gilt aber dennoch die Meldepflicht bei den örtlichen Arbeitsmarktbehörden des jeweiligen Kantons. Dies regelt aber in vielen Fällen bereits der Arbeitgeber oder er ist bei der Abwicklung zumindest behilflich.

Hat man einen Saisonarbeitsvertrag bzw. einen Vertrag mit einer Dauer unter eines Jahres erhält man die L-Bewilligung, die lediglich für die Dauer des Arbeitsverhältnisses, maximal aber für ein Jahr lang ausgestellt wird. Nach Ablauf der Gültigkeitsdauer muss ein neuer Arbeitsvertrag vorgelegt werden und eine neue Aufenthaltsbewilligung beantragt werden. Bei dieser Bewilligung zahlt man eine Quellensteuer, die sich für ausländische Arbeitskräfte nach einem festen Prozentsatz vom Einkommen berechnet.

Die Höhe dieser Quellensteuer variiert je nach Wohnort teilweise deutlich, da sie von jedem der 26 Kantone einzeln festgelegt wird. Sie ist aber in jedem Fall deutlich günstiger als die Besteuerung in Deutschland. Ein Vorteil der Quellensteuer: Wird man nur durch diese besteuert, so ist es nicht notwendig, eine Steuererklärung in der Schweiz abzugeben. Hat man allerdings weitere Einkünfte aus Wertpapieren oder anderen Anlageprodukten, so kommt man auch mit der Quellensteuer nicht drum herum.

Auch ein relativ kurz befristeter Saisonvertrag kann sich durchaus lohnen! Hat man diesen erfüllt und zieht danach zurück nach Deutschland, so richtet sich das Arbeitslosengeld 1 nach dem letzten Monatsgehalt. Wenn man also Anspruch auf ALG 1 hat, erhält man danach 60% vom Schweizer Gehalt, was gerade im Niedriglohnsektor in der Regel noch deutlich über einem vollen Gehalt eines deutschen Betriebes liegt.

Bei einem länger als 12 Monate andauernden oder gar unbefristeten Arbeitsvertrag erhält man die B-Bewilligung die für 5 Jahre gültig ist. Auch bei dieser Bewilligung zahlt man nur die Quellensteuer, wie bei der L-Bewilligung. Allerdings kann die B-Bewilligung maximal einmal verlängert werden, bevor man die endgültige Niederlassungsbewilligung annehmen muss.

Viele Einwanderer bleiben relativ lang in der B-Bewilligung, obwohl man bereits nach dem Auslaufen der ersten 5-jährigen Bewilligung das Recht erworben hat, für sich die dauerhafte Aufenthaltsbewilligung C zu beantragen. Dennoch überwiegen für die meisten Menschen die Vorteile der einfachen (und überraschend günstigen) Quellensteuer. Zwei weitere grosse Vorteile der B-Bewilligung sind zum einen das Recht, sich in der Schweiz selbstständig zu machen. Mit dieser Bewilligung darf man einer eigenständigen Arbeit nachgehen, eine Firma nach Schweizer Recht gründen und sich ins Handelsregister eintragen lassen. Zum anderen berechtigt diese Bewilligung dazu, Immobilien bzw. Wohneigentum in der Schweiz käuflich zu erwerben.

Nach Ablauf der B-Bewilligung gibt es dann nur noch die Niederlassungsbewilligung C, mit der man bis auf das Wahl-, Stimm-, und Militärrecht den Schweizer Staatsbürgern faktisch gleichgestellt ist. Mit dieser Bewilligung wird man auch wie ein Schweizer Staatsbürger besteuert und muss von nun an auch jährlich seine Einkommenssteuererklärung einreichen.

Sollte man das Glück haben und einen Job in Grenznähe ergattern, so kann man beruhigt auf der deutschen (günstigen) Seite wohnen bleiben und täglich in die Schweiz pendeln. Seit 2007 ist eine Beantragung der sogenannten Grenzgängerbewilligung nicht mehr nötig und man kann uneingeschränkt über die deutsch/schweizerische Grenze pendeln und seiner Arbeit bei den Eidgenossen nachgehen. Als pro Forma Auflage gilt, man muss lediglich einmal pro Woche das Land verlassen.

Die Quellensteuer – Was ist das denn? Und ... verflucht ist die günstig!

Wie erwähnt ist die Schweiz in 26 Kantone aufgeteilt und jedes Kanton legt den Quellensteuersatz für seine Einwohner jedes Jahr selbst fest. Dabei gibt es teils grosse Unterschiede und manchmal lohnt es sich durchaus aus steuerlicher Sicht, in einem Kanton zu wohnen, und in ein anderes zur Arbeit zu pendeln. Ganz grob zusammengefasst kann man sagen, dass in Kantonen mit einer Grossstadt bzw. mit vielen Einwohnern pro Fläche eine höhere Quellensteuer veranschlagt wird, als in Kantonen mit ländlicher bzw. dünnerer Besiedlung. Diese Lösung ist insofern fair, da Leute in Gebieten mit guter (und teurer) Infrastruktur auch mehr dafür zahlen, wohingegen in Gebieten in denen weniger Instandhaltungsarbeiten zu erledigen sind das hier gesparte Geld auch an die Bewohner weitergegeben wird. Auch hier gibt es aber Ausnahmen, Zürich ist trotz hoher Siedlungsdichte beispielsweise im Vergleich relativ niedrig besteuert. Warum genau kann ich dir leider auch nicht sagen.

Im Internet stehen für eine genaue Berechnung der Besteuerung in deinem Kanton diverse Quellensteuerrechner zur Verfügung, mit denen man durchaus etwas rumprobieren sollte, bevor man sich einen neuen Wohnsitz sucht. Bei günstiger Lage lassen sich damit gut und gerne einige hundert Euro (bzw. CHF) im Jahr sparen, wenn man dazu bereit ist, einen etwas längeren Arbeitsweg auf sich zu nehmen.

Vorsorge und Rentenversicherung – Kluge Schachzüge für einen entspannten Ruhestand

Es kann natürlich auch nie schaden, früher an später zu denken. In Sachen Altersvorsorge verhält es sich so, dass man selbstverständlich auch in der Schweiz Rentenbeiträge zahlt. Diese nennen sich hier AHV Beiträge und werden genau wie in Deutschland direkt vom Brutto-Gehalt eingezogen. Für die deutsche Rentenversicherung wird auch die Zeit angerechnet, die man in der Schweiz arbeitet. Sollte man also beispielsweise 35 Jahre in Deutschland Rentenbeiträge zahlen und 10 Jahre in der Schweiz, so hat man die 45 Jahre erfüllt, die derzeit als Mindestzeit festgelegt sind um einen vollen Rentenanspruch zu haben.

Einen vollen Rentenanspruch hat in Deutschland, wer 45 Jahre lang in die gesetzliche Rentenkasse eingezahlt hat. Dabei rechnet das deutsche Rentensystem in den meisten Fällen auch Zeit im Ausland an. Mit welchen Ländern ein Rentenabkommen besteht, kann man online schnell ausfindig machen.

Da ich lange studiert habe und auch danach hauptsächlich mit den Ausgrabungen von Projekt zu Projekt gearbeitet habe, ging mir persönlich sehr viel Zeit verloren, in der ich nicht, oder nicht in vollem Umfang, in die Rentenkasse eingezahlt habe.

Vergleicht man die Gehälter der beiden Länder und die Rentenbeiträge, so kann man in der Schweiz auch deutlich mehr in seine Rentenkasse einzahlen, als man es in Deutschland schaffen würde.

Die Abgaben fallen aber auch hier wieder prozentual allgemein wesentlich geringer aus, als das was in Deutschland abgeführt wird. Derzeit zahle ich monatlich einen Beitrag von 244,- CHF also etwa 230,- € als AHV Rentenbeitrag. In Deutschland lag meine letzte Beitragszahlung bei 195,- €. Eine nette Erhöhung der späteren Rente ganz nebenbei, immerhin zahle ich fast 20% mehr ein als vorher, und doch bleibt prozentual auch hier, durch das wesentlich höhere Brutto-Gehalt sowie das 13. Monatsgehalt, mehr Netto übrig, was mir natürlich frei zur Verfügung steht.

Verbringt man viele Jahre in der Schweiz und geht dann zurück in sein Heimatland, so wird die Schweizer AHV Rente auch ins Ausland ausgezahlt. Normalerweise wird das Geld dann in der Landeswährung der Zahlungsadresse überwiesen.[7]

Wie ich in meinem Vergleich gezeigt habe, sind die Beiträge zur gesetzlichen Rente in der Schweiz sehr gering, wenn man bedenkt, dass man hier durchschnittlich ein mehr als doppelt so hohes Einkommen wie in Deutschland hat. Dieser Umstand führt dazu, dass man von den gesetzlichen Mindestabgaben bzw. der daraus resultierenden späteren Rente in der Schweiz nicht sehr gut leben kann, falls man sich dazu entscheidet, auch den Ruhestand hier verbringen zu wollen.

Dieses Problem ist aber auch kein neues Phänomen und bereits seit 1972 ist in der Bundesverfassung der Schweiz das 3-Säulen System festgelegt. Die dritte Säule umfasst dabei seit jeher die private freiwillige Altersvorsorge, die steuerlich gefördert wird. Lange bevor in Deutschland an Riester & Co überhaupt gedacht wurde.

Auch als Einwanderer kann man dieses Säulensystem nutzen und seine spätere Rente mit der steuerlich geförderten dritten Säule einfach und umfassend aufbessern. Gerade wenn man vorhat, in späteren Jahren wieder in Deutschland zu leben, ist das ebenfalls ein sehr attraktiver Aspekt im Hinblick auf den eigenen Ruhestand.

---

7 Quelle: https://www.ch.ch/de/pensionierung-ausland/ (Stand vom 22. November 2019)

Gefragte Jobs – Wie kann man in der Schweiz sein Geld verdienen?

Die meisten deutschen Auswanderer findet man in der Schweiz vor allem in Gastronomie / Hotellerie, der Medizin und Pflege, aber auch in Industrie-, Ingenieurs- und Bankenberufen.

Gerade mit meinem nicht unbedingt konventionellen Lebenslauf möchte ich aber allen voran Menschen ansprechen, die ihr Leben vielleicht komplett neu ausrichten möchten. Besonders für Quereinsteiger bietet die Schweiz zahllose Möglichkeiten. Aus eigener Erfahrung weiss ich, dass es in der Hotellerie Jobs in Hülle und Fülle gibt, auch für Einsteiger denen es völlig an Berufserfahrung fehlt.

Bei dem was ich mittlerweile erlebt habe, kann ich berichten, dass so mancher Hotelier in seiner Not bei der Besetzung von freien Stellen schon zu verzweifelten Massnahmen gegriffen hat. Die Eignung mancher Bewerber war dabei oft mehr als fragwürdig. Es ist einfach Tatsache, dass es zahllose Jobs in diesem Bereich gibt, für die keine oder nur marginale Vorkenntnisse notwendig sind, und die, auf Grund des starken Fachkräftemangels, oft auch mit ungelernten Kräften, aber durchaus erfolgreich besetzt werden.

So lange du Deutsch fliessend in Wort und Schrift beherrschst und ein vernünftiges Auftreten im Umgang mit anderen Menschen besitzt, steht z.B. einer Anstellung an der Rezeption nicht viel im Wege. Ich selbst bin leider mit zwei linken Händen gesegnet, aber für eher praktisch veranlagte Zeitgenossen suchen Hotels und Restaurants auch quasi dauerhaft nach Kellnern bzw. Servicekräften, Hauswärtern oder Kundenbetreuern. In allen Fällen hilft: einfach bewerben und sich selbst nicht verstecken, auch grosse und namhafte Häuser sind ständig auf der Suche nach zuverlässigem Personal. Daher bloss keine falsche Scheu, nur weil der Laden vier oder fünf Sterne besitzt.

Hast du keine Probleme mit Arbeitszeiten ausserhalb der normalen Bürozeiten ist die Position des Night Auditors oder Night Managers vielleicht interessant. Bei weniger Gästekontakt als der üblichen Rezeptionskraft beschränken sich deine Aufgaben hier hauptsächlich auf Papierkram wie Abrechnungen und Kreditkartenkontrolle sowie Sicherheitsrundgänge und Ansprechpartner zu später Stunde für die Gäste zu sein. Und halt ständig Nachtschichten schieben.

Selbst ohne deutsche Sprachkenntnisse oder einem sicheren Auftreten und ohne jegliche Berufserfahrung gibt es viele Möglichkeiten sein Brot in der (Schweizer) Hotellerie zu verdienen, sei es als Spüler, Zimmermädchen oder in der Wäscherei. Wenn man einen bestimmten Ort im Blick hat, an dem man sich künftig niederlassen möchte, ist es durchaus einen Versuch wert die Homepage eines ansässigen Hotels aufzusuchen. Es gibt wirklich nur sehr wenige Hotels, die dort keine offenen Stellen in allen Bereichen ihrer Häuser zu besetzen hätten.

Gerade in den Skigebieten ist mir ein witziger Beruf aufgefallen, der von ausgesprochen vielen Quereinsteigern ausgeübt wird: Pistenfahrzeugführer. Der logistische Aufwand hinter den gut präparierten Pisten und Loipen ist enorm und die Betreiber der Skilifte und Gondelbahnen sind überraschend personalintensive Unternehmen.

Selbst die kleineren Skigebiete haben oft mehr als ein Dutzend Pistenfahrzeugführer unter Vertrag. Die Umschulung in der Schweiz ist gesetzlich vorgeschrieben, die Schulung kostet knapp 2000,- CHF, ist dann aber schweizweit anerkannt. Die Arbeitszeiten sind leider nicht viel besser als die eines Night Managers, denn die Pisten werden natürlich auch vorwiegend nachts vorbereitet, wenn die Skilifte geschlossen sind, aber die Bezahlung ist noch einmal ein gutes Stück besser.

Der Arbeitsmarkt in der Schweiz bietet natürlich die gleiche Vielfalt aller erdenklichen Berufe, wie in Deutschland oder dem Rest der Welt auch. Vom Schafhirten bis zum Raketeningenieur kann hier jeder seiner Passion nachgehen. Die Beispiele die ich hier nenne sind dazu gedacht, dir zu zeigen, dass es für wirklich jeden Menschen mehr als nur einen Weg zu beschreiten gibt, und dass kein Werdegang bereits im Vorfeld in Stein gemeisselt sein muss. Lass sie dir als Denkanstoss dienen ,selbst über deine eigene Situation nachzudenken, welche Alternativen für dich interessant und verlockend wirken und was dir in der Zukunft vielleicht mehr Freude bereiten könnte, als es eventuell deine momentane Situation tut.

Quereinsteiger – Fachkräfte der Zukunft

Auch abseits von Hotellerie, Gastronomie oder Tourismus habe ich den Eindruck gewonnen, dass das gesamte klassische Ausbildungssystem wie wir es in Deutschland gewohnt sind, im Umbruch ist. Kaum jemand, der heute eine mehrjährige Ausbildung im klassischen Sinn beginnt, wird diesen Beruf auch bis zur Rente ausüben wollen oder können. Die moderne Welt unterliegt einem derart schnellen Wandel, dass einerseits viele klassische Ausbildungsberufe vom Aussterben bedroht sind, auf der anderen Seite aber mehr und mehr bisher unbekannte Berufsfelder geschaffen werden.

In diesen neuen Berufsfeldern können selbsterworbenes Wissen und eine schnelle Anpassung an eine veränderte Situation wesentlich erfolgversprechender sein, als eine klassische zeitintensive Ausbildung oder ein Studium. Auch für mich gilt hier: hinterher ist man immer schlauer. Aus heutiger Sicht hätte ich auch lieber eine IT Laufbahn angestrebt als meine Zeit und mein Geld für ein durchaus interessantes, aber komplett unlukratives und perspektivloses, Archäologiestudium zu verschwenden. Immerhin war`s lustig.

Ohne abgeschlossenes Studium oder eine Ausbildung, auf die du dein Leben weiter ausrichten möchtest, ist ein weiteres Beispiel als interessante und lukrative Job-Option für Quereinsteiger der Beruf des Zugführers. Wie auch in Deutschland werden hier Lokführer händeringend gesucht. Die SBB bietet dazu eine elfmonatige Schnell-Umschulung an, im Anschluss derer man eine Übernahmegarantie in das Unternehmen erhält und eine vollwertige Lizenz als Triebfahrzeugführer in den Händen hält.

Angestellte der SBB profitieren auch von attraktiven Mitarbeiter-Benefits, die gerade in der letzten Zeit noch massiv verbessert wurden, um die Personalnot zu lindern.[8]

Verfügt man über einen höheren Bildungsabschluss, am besten ein abgeschlossenes Studium, so wäre in der Schweiz auch der Weg als Lehrer durchaus eine Überlegung wert. Hier winken neben einer attraktiven Vergütung auch überaus gute Arbeitsbedingungen. Für Quereinsteiger ins Lehramt bietet unter anderem die Universität Zürich Weiterbildungen an, die Absolventen zur Lehre an Grundschulen sowie Sekundarschulen berechtigt. Lediglich für die Schweizer gymnasiale Oberstufe (obere Matura) gibt es für Interessierte ohne abgeschlossenes Lehramtsstudium keine Möglichkeit auf diesem Weg in den Beruf einzusteigen.

Die Lebenshaltungskosten – Was bleibt von deinem Gehalt übrig?

Man kann in der Schweiz eine Menge Geld verdienen – es aber noch viel schneller als in Deutschland wieder ausgeben. Wer auf sein Geld achtet und ordentlich wirtschaftet, kann mitunter schnell mal ein deutsches Monatseinkommen auf die Seite legen. Wer aber gerne Essen geht oder mehrmals wöchentlich Bars, Cafés oder Kneipen aufsucht, der wird in der Schweiz auf keinen grünen Zweig kommen. CHF 4,- bis CHF 5,- für eine Tasse Kaffee sind Standard, eine Bratwurst bekommt man kaum unter CHF 8,- und für einen Döner werden wenigstens CHF 10,- veranschlagt.

---

8 Quelle: https://company.sbb.ch/de/jobs-karriere/arbeiten-bei-der-sbb/life-balance.html, 28. November 2019

Lebensmittel und Mietkosten sind im Vergleich zu Deutschland sehr hoch und machen den Löwenanteil der Unkosten aus. Hier muss man natürlich sehen, dass Deutschland im weltweiten Vergleich fast beispiellos niedrige Lebensmittelpreise hat, insbesondere was Fleisch- und Wurstwaren angeht. Ob das ausschliesslich positive Seiten hat, möge jeder für sich entscheiden.

Ich bin mittlerweile jedenfalls gerne bereit mehr für mein Fleisch zu zahlen. Ich esse weniger davon als noch in Deutschland, dafür bewusster und mit besserem Gewissen, da ich weiss dass es vernünftig erzeugt und verarbeitet wurde.

Ein kleines Rechenbeispiel das meine persönliche Situation zum Zeitpunkt des Auswanderns widerspiegelt verdeutlicht dir, dass auch trotz der höheren Lebenshaltungskosten am Monatsende definitiv ein gutes Stück mehr übrig bleiben kann als in Deutschland. Unter Verbindlichkeiten habe ich in der Tabelle alle laufenden Kosten zusammengefasst, die monatlich fällig werden. Darunter fallen bei mir zum Beispiel Kreditraten, BAFöG-Zahlungen, Versicherungen sowie Kreditkartenabrechnungen.

An meinen hohen Verbindlichkeiten siehst du, dass es bei mir finanziell damals wirklich kurz vor knapp war. Aber wem die Scheisse bis zum Hals steht, der sollte bekanntlich den Kopf nicht hängen lassen.

	Deutschland (€)	Schweiz (CHF)
Monatl. Nettogehalt	1.950,00	4.050,00
Verbindlichkeiten	1.100,00	1.250,00
Miete (Warm)	400,00	650,00
Krankenversicherung	180,00	205,00
Rest	270,00	1.945,00

Wie diese Rechnung im Endeffekt bei dir ausfällt hängt natürlich von deinen eigenen Umständen ab, allen voran deinem persönlichem Lebensstil. Ich hatte wie bereits erwähnt natürlich Glück eine günstige Personalwohnung gemeinsam mit meinem neuen Arbeitsvertrag ergattern zu können. Aber du siehst dass selbst wenn du dir eine grössere Wohnung für 1.000,- CHF mehr im Monat suchst, die Rechnung immer noch gut aufgehen würde.

Mittels eines Kreisdiagramms fällt dieser Eindruck noch deutlicher aus, es bleibt auch Prozentual wesentlich mehr vom Gehalt übrig. Beim ersten Kuchen, der meine Situation in Deutschland abbildet, bleibt als Rest den ich monatlich frei zur Verfügung hatte lediglich das kleine straffierte Tortenstück. Von diesem muss auch noch Essen auf den Teller und Kleidung an den Körper gebracht werden!

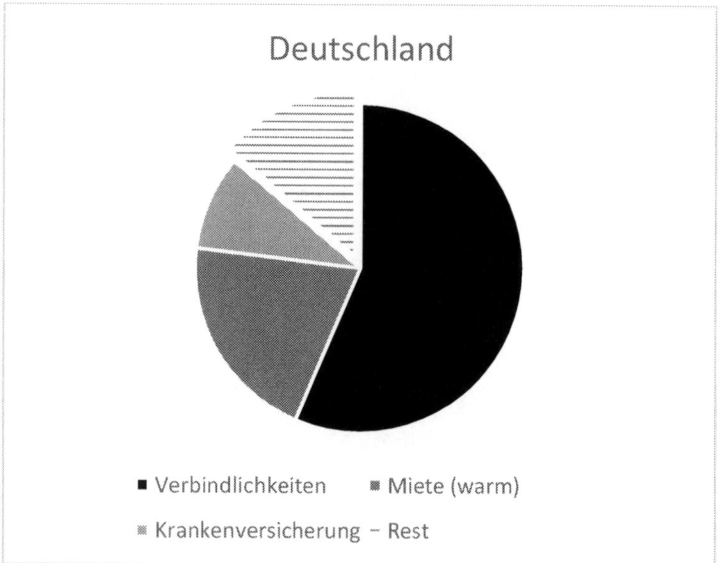

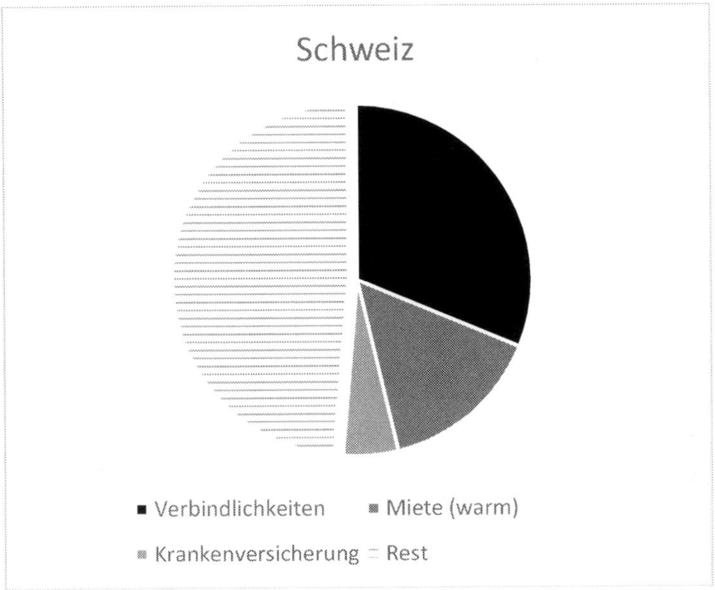

Wie man auf den ersten Blick sehr gut erkennt, bleibt nun ein deutlich höherer Anteil von meinem Monatseinkommen übrig, den ich nach Belieben frei verwenden kann. Auch wenn die Kosten für Nahrungsmittel deutlich höher ausfallen, bewegen sich Textilien und Schuhe sowie technische Gimmicks wie Unterhaltungselektronik auf einem ähnlichen Preislevel wie in Deutschland. Da man mehr Geld übrig hat fallen letztere also insgesamt auch weniger ins Gewicht.

Bei den Zahlen wirst du vielleicht denken: "Moment mal, der Typ hat doch was von 4800,- CHF Brutto geschrieben, wieso bleiben da denn noch 4050,- CHF Netto übrig?". Richtig beobachtet. Dazu kommt aber noch das 13. Monatsgehalt, das ich auch in der untenstehenden Tabelle mit dazu gerechnet habe und was schon mal einen guten Teil ausmacht. Da es meistens monatlich anteilig ausbezahlt wird, kommt man damit schon auf 5.169,- CHF im Monat.

Allen voran sind aber die Abgaben in der Schweiz absolut zwar höher, prozentual jedoch wesentlich geringer, als du es aus Deutschland gewohnt sein wirst.

Da die Abgaben teilweise kantonal geregelt sind habe ich dir hier ein paar Beispiele aufgelistet und zum Vergleich meine letzte Situation in Deutschland dazu.

	Deutschland	Basel(S)	Zürich	Zug
Bruttolohn	2.200,- €	5.169,-	5.169,-	5.169,-
Steuern	258,- €	497,30	273,60	149,75
Sozialabgaben	271,- €	539,00	539,00	539,00
Krankenvers.	170,- €	324,60	324,60	324,60
Netto	**1.501,- €**	**3.808,10**	**4.031,60**	**4.155,65**

*Schweizer Angaben in CHF

Im Anfangsteil des Buchs habe ich geschrieben, dass meine letzten Nettogehälter in Deutschland etwas höher lagen, als die 1.501,-€ aus der Tabelle. Das liegt daran, dass ich hauptsächlich Nachtschichten gearbeitet habe, und dafür 20% steuerfreier Nachtzuschlag aufs Gehalt gerechnet wurden. Nachtdienste sind für die meisten Menschen aber eher die Ausnahme und daher habe ich die hier nicht noch gesondert aufgeführt.

In der Schweiz wird Nachtarbeit übrigens mittels eines Zeitzuschlags kompensiert. Hier bekommt man keinen steuerfreien Zuschlag auf sein Gehalt, muss aber 10% weniger Stunden ableisten als tagsüber.

Bei der Krankenversicherung ist es so, dass der Arbeitgeber in der Schweiz nur den Anteil für die Unfallversicherung übernimmt. Damit fällt dieser Teil der Krankenkassenbeiträge schon mal nicht zu deinen Lasten. Allerdings musst du dir noch eine normale Krankenversicherung suchen und oft einen kleinen Anteil für Nichtberufsunfälle abführen, von diesen Beiträgen übernimmt der Arbeitgeber nichts mehr. Ich habe als Mittelwert CHF 300,- monatlich angesetzt und zum Beitrag für die nichtberuflichen Unfälle (24,60 CHF monatlich) hinzu addiert. Wie es sich mit den Beiträgen der Versicherungspolicen von den Schweizer Krankenversicherungen genau verhält erkläre ich dir im nächsten Kapitel noch genauer.

Welche Sozialabgaben und Steuern berücksichtigt werden kannst du ganz leicht mit den diversen Brutto-Netto Rechnern für Deutschland bzw. den Quellensteuer-Rechnern für die Schweiz im Internet nachvollziehen. Meine Rechnung ist für eine 36-jährige ledige Person ohne Kinder gemacht und beinhaltet neben gesetzlicher Kranken- und Rentenversicherung auch noch die Kirchensteuer, da ich bisher meinen Hintern noch nicht hoch bewegen konnte um da mal auszutreten. Probiere am besten auch verschiedene Modelle für deine eigene Situation aus, um schon mal einen groben Eindruck zu gewinnen, wie sich deine Situation an verschiedenen Wohnorten verändern würde.

Übrigens: Auch in der Schweiz wird eine Mehrwertsteuer auf jede verkaufte Ware und erbrachte Dienstleistung abgeführt. Diese liegt mit 7,7% bzw. bei den vergünstigten Leistungen 3,7% aber deutlich unter den deutschen Werten von 19% bzw. 7%.

Versicherungen – Nicht nur notwendiges Übel, in der Schweiz übel notwendig!

Versicherungen sind im Grossen und Ganzen ebenfalls etwas teurer als in Deutschland, da im Schadensfall ja auch schnell mal höhere Beträge ausgezahlt werden müssen. Das ist auch ein Grund dafür, weshalb man kaum einen deutschen Versicherungsvertrag in die Schweiz übertragen kann. Zum Glück hat man mit der Abmeldebescheinigung aus Deutschland so gut wie immer ein Sonderkündigungsrecht, auch wenn die Auswanderung kurzentschlossen passieren sollte.

Grundsätzlich sind sich die Versicherungswesen der beiden Länder recht ähnlich. Man sollte auch in der Schweiz keinesfalls auf eine Haftpflichtversicherung verzichten und die Krankenversicherung ist sowieso Pflicht. Bei letzterer hat man in der Schweiz die Möglichkeit sich seine Beiträge ein wenig selbst zu skalieren. Es gibt hier die sogenannte Franchise, was einen jährlichen Eigenanteil darstellt, der zuerst von dir geleistet werden muss bevor die Versicherung überhaupt einspringt. Man kann hier zwischen diversen Modellen mit Franchisen zwischen CHF 300,- und CHF 2500,- wählen und je nachdem, heben oder senken sich die monatlichen Beiträge. Als gesunder Mensch ohne irgendwelche Wehwehchen die demnächst teuer zu werden drohen, kann man ruhigen Gewissens die höchste Franchise nehmen und die Monatsbeiträge damit je nach Kasse von ca. CHF 450,- auf unter CHF 200,- (ledig, 36 Jahre, keine Kinder) drücken.

Eine gute Anlaufstelle sind auch hier wieder Vergleichsportale. Die grössten, wie beispielsweise comparis.ch, haben sich auch schon auf Einwanderer spezialisiert und man kann problemlos Versicherungspolicen vergleichen, die auf Leute zugeschnitten sind, die bisher noch eine Absicherung in der Schweiz hatten.

Ich rate dir dringend dazu diese Vergleichsmöglichkeiten auch zu nutzen und dir wirklich Gedanken darüber zu machen, welche Franchise für dich Sinn macht. Hier lässt sich mit wenig Aufwand schnell sehr viel Geld sparen!

Für alle Geschichten die mit Augen oder Zähnen zu tun haben zahlt in der Schweiz aber generell niemand für dich, selbst Zahnzusatzversicherungen gibt es hier kaum lohnenswerte. Ich habe mir dafür ein eigenes Polster angelegt, auf dem ich genug zurückgelegt habe um im Notfall die volle Franchise meiner Krankenversicherung, eine Brille oder ein paar neue Zähne stemmen zu können.

Wenn bei mir dann eines Tages neue Beisserchen nötig werden sollten, wird sich ein tschechischer oder ungarischer Kieferchirurg über einen Grossauftrag freuen, bevor ich mich von einem Schweizer Zahnarzt um Haus und Hof bringen lasse. Das wird trotz Reisekosten deutlich günstiger ausfallen und ist auch bei alteingesessenen Schweizern sehr verbreitet. Überall hinter den Schweizer Grenzen (auch in Süddeutschland) findet man Werbung für Zahnarztpraxen, die hauptsächlich auf die Behandlung von Schweizer Patienten eingestellt sind.

Meine einzigen Versicherungen die ich von Deutschland auch in die Schweiz übernehmen konnte waren übrigens meine Lebensversicherung sowie mein Invaliditätsschutz, da diese Verträge feste Auszahlungsbeträge versichert haben, die unabhängig von meinem Wohnsitz im Schadensfall unverändert ausgezahlt werden würden.

Warum es gerade hier keine schlechte Idee ist, einen Notgroschen anzulegen

Dass du nicht immer auf Messers Schneide leben solltest und es wenig ratsam ist, das Girokonto jeden Monat auf 0,- zu bringen, oder gar deinen Dispo ständig bis ans Limit zu pushen, ist dir bestimmt nichts Neues.

Eine Notfall-Reserve anzulegen ist ein Rat der oft und gerne gegeben wird, und auch in der Heimat sicher nicht die schlechteste Idee. In vielen Fällen, wie es auch bei mir selbst so war, ist das aber beinahe ein Ding der Unmöglichkeit. Den in vielen Ratgebern zitierten Betrag von drei Netto-Monatsgehältern als eiserne Reserve beiseite zu schaffen dürfte wohl nicht nur für mich nach reiner Utopie geklungen haben.

Mit meiner neuen Situation ist das ganze gar nicht mehr so utopisch, und auch dir würde ich raten gerade in der Schweiz ein finanzielles Polster anzulegen, denn hier können im Notfall noch deutlich höhere Kosten auf dich zukommen. Sei es die Franchise der Krankenversicherung, für die im Krankheitsfall, je nachdem welchen Tarif du dir ausgesucht hast, zwischen wenigen hundert bis zu 2.500,- CHF zu zahlen sind oder eine dringend benötigte Zahnreparatur.

Auch Handwerker schlagen hier, auf Grund des höheren Stundensatzes den diese verlangen können, deutlich teurer zu buche, als du es aus der Heimat gewohnt sein wirst.

Mein Vorschlag ist daher, einen guten Teil des ersten Geldes das du übrig haben wirst, nicht in langfristige Anlageprodukte zu stecken. Stattdessen ist es klüger solche zu wählen, bei denen du das Geld schnell zur Verfügung hast, falls der Ernstfall eintritt. Kennst du dich ein wenig mit Finanzen aus und kannst mit dem Risiko umgehen, sind auch Aktien dafür eine attraktive Option. Ich selbst nutze diese Variante für meinen Notgroschen ebenfalls, Aktien lassen sich seit Jahren ganz leicht komplett online kaufen und verkaufen (und das nicht komplizierter als dein Online-Banking) und Dank des grossen Konkurrenzkampfs der Anbieter werden die Gebühren für den Handel mit Wertpapieren auch immer geringer.

Wenn du genauso diszipliniert bist wie ich, also keinen Meter, dann haben Aktien noch den Vorteil, dass ein Verkauf mitunter mehrere Werktage dauern kann, bis dir das Geld endgültig auf deinem Konto gutgeschrieben wird und zur Verfügung steht (sog. Valuta). Ausserdem kostet jeder Verkauf nochmals Gebühren. Beides gute Punkte, die mir dabei helfen der Versuchung zu widerstehen meinen Notgroschen anzurühren, so lange es nicht unbedingt nötig ist.

Verfolgst du einen konservativeren Ansatz für deine Wertanlage, ist ein Tagesgeldkonto vielleicht eher das Mittel deiner Wahl, auch da bekommst du wenigstens noch ein paar Zinsen im Vergleich zu Sparbuch oder Girokonto. Hauptsache, und der Zweck dieses ganzen Kapitels, ist aber, dass du deinen neu gewonnen Wohlstand nicht direkt wieder für sinnlosen Krempel verprasst. Sinnvoll ist es auf jeden Fall erst einmal dafür zu sorgen, dass du auch im Ernstfall über die Runden kommst.

Das hier soll daher auch auf keinen Fall eine Anlageberatung werden, da kennen sich andere Leute wesentlich besser aus als ich, und diese Menschen haben auch bereits mehr als genug Ratgeber zu dem Thema geschrieben. Nimm die letzten Absätze doch lediglich als Hinweis, dass auch ein Notgroschen (der im Lauf der Zeit ja durchaus ordentlich anwachsen kann) nicht untätig rumzuliegen braucht. Wenn du das Geld im besten Fall gar nicht benötigst, hat es immerhin schon eine ganze Weile für dich gearbeitet.

Endlich ein eigenes Schweizer Bankkonto – Nur welches?

Die Schweizer sind sehr progressiv was neue Bezahlmethoden angeht. Zahlen per App, beispielsweise mit Twint, ist hier bereits recht weit verbreitet und ist auch so ziemlich überall möglich. Natürlich gibt es hierzulande auch die Standard Bezahlsysteme wie Visa, Mastercard und EC Maestro, für die dir auch jede Bank in der Schweiz eine passende Karte für dein Konto zur Verfügung stellt. Für welche Bank du dich also im Endeffekt entscheidest ist ganz allein Geschmackssache, schau dich einfach um welches Angebot dir am besten zusagt.

Ein Bankkonto in der Schweiz macht aber eigentlich nur Sinn, wenn du auch langfristig hier bleiben möchtest. Für Arbeitsverträge unter 12 Monaten würde ich einfach das Konto in der Heimat beibehalten und das Geld dorthin überweisen. Ausgenommen natürlich, dein neuer Arbeitgeber besteht auf eine Schweizer Bankverbindung, um dorthin das Gehalt auszuzahlen. Viele Banken schliessen generell keine Verträge mit Neukunden ab, die nicht wenigstens die Aufenthaltsbewilligung B (5 Jahre Gültigkeit) nachweisen können, hier ist dann ein wenig Recherchearbeit gefragt, die Möglichkeit irgendwo unter zu kommen besteht aber durchaus bei einigen Instituten.

Lässt man sein Bankkonto wie gewohnt in Deutschland weiter laufen und dort noch laufende Kosten wie Kreditraten monatlich abbuchen, ist es kein Problem auch grössere Teile des Gehalts aus der Schweiz nach Deutschland zu überweisen. Wenn du aber noch in Deutschland gemeldet und daher dort steuerpflichtig bist, erkundigt sich das Finanzamt nach der Herkunft des Geldes. Solche Routineanfragen sind mit einem Nachweis des Schweizer Arbeitsvertrages aber auch schnell vom Tisch.

Eine kleine Besonderheit ist in der Schweiz die Postbank mit ihrem eigenen Bezahlsystem der Postcard. Das Postcard System ist dem klassischen EC Maestro System sehr ähnlich und diese Karte ist zwar auch recht weit verbreitet, macht aber an manchen Stellen Probleme, da sie nicht überall akzeptiert wird. Solltest du nur über eine L-Bewilligung verfügen bzw. in Aussicht haben (Gültigkeitsdauer unter einem Jahr), ist die Postcard aber vielleicht dein Mittel der Wahl, denn dieses Konto wird auch für Inhaber dieser kurzen Aufenthaltsbewilligung in aller Regel gewährt.

Anlegen in der Schweiz – Darüber brauchte ich mir in Deutschland noch keine Gedanken machen

Wenn du vor hast deine kommenden Ersparnisse in Wertpapieren anzulegen kann ich dir empfehlen, dass du dir, bevor du in die Schweiz gehst und deinen Wohnsitz ummeldest, noch ein deutsches Reservekonto (möglichst gebührenfrei) bei irgendeiner deutschen Bank sowie ein dazu passendes Aktiendepot eröffnest. Das ist vor Ort und mit deutschem Wohnsitz unkomplizierter als später aus der Schweiz und die Konditionen gerade bei Aktienbrokern sind in Deutschland wesentlich besser als bei den Angeboten der Eidgenossen. Zum Vergleich liegt die Ordergebühr bei den deutschen Anbietern in der Regel bei 5-10€ zzgl. einem geringen %-Satz der Ordersumme, bei den Schweizer Angeboten fängt diese je nach Broker bei 50,- bis 100,- CHF an, pro einzelner Order!

Auch wenn du schon ein Aktiendepot besitzt ist der Übertrag der Wertpapiere von einem EU Land zu einem Broker eines anderen EU Landes kostenfrei, und das gesetzlich geregelt. Die Schweiz ist aber nun mal kein EU Mitglied. Ein Übertrag von Wertpapieren in ein Schweizer Depot wird auch gerne mit 80,- CHF – 250,- CHF pro Wertpapierposition veranschlagt. Daher doch lieber das Depot in Deutschland behalten, oder?

Vor der Eröffnung eines Depots ist man aber in jedem Fall gut beraten, kurz mal bei der Service-Hotline anzurufen und zu erfragen, wie es sich bei dem gewählten Anbieter mit Kunden verhält, die ihren steuerlichen Wohnsitz ins Ausland verlagern. Mein Aktienbroker bei dem ich bereits in Deutschland ein Depot hatte fand es nicht so toll, dass ich ausgewandert bin, und hat mir nach meiner Ummeldung in die Schweiz ohne Vorwarnung die Kündigung meines Depots geschickt. Das ist aber eine reine Unternehmensentscheidung gewesen und hat keine gesetzliche Grundlage. Andere deutsche Broker haben mich gerne angenommen und ich brauche bis heute nicht auf die teuren Schweizer Anbieter zurückzugreifen.

Besitzt man Wertpapiere, so muss man diese selbstverständlich auch in der Steuererklärung der Schweiz angeben, auch wenn diese in einem deutschen Depot liegen. Man hat in der Schweiz den grossen Vorteil, dass Gewinne aus Aktienkursen nicht versteuert werden müssen, so lange man als Privatanleger geführt wird. Lediglich bei Dividendenzahlungen ist besondere Vorsicht in Sachen Steuererklärung geboten: Erträge aus diesen sind in der Schweiz mit einer Dividendensteuer in Höhe von 35% belegt.

Personen die einen Wohnsitz, bzw. ihre Steuerpflicht in Deutschland behalten und ihre Wertpapiere in einem Schweizer Depot anlegen werden aber sogar doppelt besteuert: mit der Schweizer Dividendensteuer und der deutschen Kapitalertragssteuer. Immerhin können diese sich den Anteil der Schweizer Steuern rückwirkend für drei Jahre vom Finanzamt wiederholen, da eine Doppelbesteuerung mittlerweile nicht mehr zulässig ist.

Einkaufen in der Schweiz- Was du tun kannst, um deine Lebenshaltungskosten zu senken

Um deine Lebenshaltungskosten so gering wie möglich zu halten, gibt es durchaus ein paar Möglichkeiten Geld zu sparen, ohne sich in Bezug auf Qualität oder Komfort einzuschränken. Aus Erfahrung kann ich sagen, dass man günstiger fährt, wenn man beispielsweise bei der Deutschen Bahn die Fahrten in die Heimat bucht, und den Schweizer Streckenabschnitt direkt über die Deutsche Bahn mit bezahlt. Der Sparpreis Europa ist nach Buchungszeit gestaffelt, und wenn man früh genug plant, kann man für 40,- € von der Schweiz bis ins äusserste Norddeutschland kommen. Solche Fahrten durch die Schweiz bis nach Deutschland hinein zu buchen, gestaltet sich über die SBB deutlich schwieriger, da auf diesem Weg die Europatarife der Deutschen Bahn nicht zur Verfügung stehen.

Für Fahrten innerhalb der Schweiz empfiehlt es sich hingegen die eigene App der Schweizer Bahn (SBB) zu nutzen. In dieser kann man auch als Ausländer problemlos mit einer Kreditkarte die Tickets kaufen und von sämtlichen Sonderangeboten profitieren. Spartipp: bis zu 24 Stunden, an manchen Tagen aber auch bis zu wenigen Stunden vor Fahrtantritt, lassen sich in der ganzen Schweiz sogenannte Sparbillets lösen, die auch in der App angeboten werden und bis zu 50% günstiger als der reguläre Fahrpreis sind.

Weit verbreitet ist in der Schweiz das sogenannte Halbtax. Viele Billetautomaten (und auch die SBB App) bieten oft zuerst Halbtax-Preise (oder sogenannte halbe Billets) an, eben weil dieses Angebot hier so verbreitet ist. Für eine Einmalzahlung von CHF 185,- im ersten Jahr und CHF 165,- in jedem weiteren Jahr erhält man 50% Rabatt auf alle Fahrten mit Bus, Bahn, Schiff oder Tram in der ganzen Schweiz. Also

Vorsicht: Wenn du noch kein Halbtax Abo gekauft hast, achte unbedingt darauf ein normales (volles) Billet zu lösen, ansonsten könnte es unangenehme Folgen wegen Schwarzfahrens haben.

Was in Deutschland die Bahncard 100 ist, ist in der Schweiz das sogenannte GA Abo. Das ist mit monatlich CHF 340,- aber vergleichsweise erschwinglich und dementsprechend auch weiter verbreitet. Das Abo berechtigt zur Nutzung der meisten öffentlichen Verkehrsmittel in der 2. Klasse. Der Preis für ein 1. Klasse Abo liegt derzeit bei CHF 545,- monatlich[9]

Eine sehr interessante Idee auf die ich in der Schweiz gestossen bin, sind die Gemeinde-Tageskarten, die von jeder grösseren Gemeinde in der Schweiz angeboten werden. Diese Fahrkarten kann man ganz leicht online auf jeder Website der entsprechenden Gemeinde reservieren. Für diese Tageskarten gibt es nur bestimmte Kontingente und sie werden nach dem Prinzip "wer zuerst kommt – mahlt zuerst" vergeben. Die bestellten Fahrkarten können dann einfach in der örtlichen Gemeindekanzlei abgeholt werden. Mit so einer Gemeinde-Tageskarte kann man die ganze Schweiz bereisen und sie sind vom Bus über Bahn bis zum Schiff in fast allen öffentlichen Verkehrsmitteln in der 2. Klasse gültig. Der Preis für so ein Billet variiert von Gemeinde zu Gemeinde ein wenig, bewegt sich aber zwischen 40,- und 50,- CHF. Eine tolle und günstige Möglichkeit die Schweiz zu erkunden.

---

[9] Quelle: https://www.sbb.ch/de/abos-billette/abonnemente/ga/ga-erwachsene.html vom 19. Dezember 2019

Auch wenn du deinen nächsten Urlaub planst, lohnt es sich meistens die Reise über deutsche Reiseportale zu buchen, vor allem wenn du flexibel beim Abflughafen bist. Man kommt von deutschen Destinationen oft weitaus günstiger zum gewünschten Traumurlaub, als wenn man von einem der Schweizer Flughäfen fliegt. Wenn der Reiseanbieter Rail & Fly Tickets anbietet, ist die Ersparnis nochmals höher, da man sich einen grossen Teil der Anreisekosten zum Flughafen damit ebenfalls sparen kann. Auch hier leisten Vergleichsportale aus der Heimat gute Dienste.

Lebensmittelpreise - Der deutsche Sparfuchs gerät ins Schwitzen

Auch die alteingesessenen einheimischen Supermarktketten halten für deutsche Einwanderer teure Überraschungen bereit. Gerade an der Fleischtheke wird man zuerst dreimal hinsehen, bevor man sich an die neuen Preise gewöhnen kann, das drei- bis vierfache von deutschen Fleischpreisen ist hier selbstverständlich. In den Gemüseregalen ist der Preisschock nicht ganz so extrem, doch auch hier sind die Preise – gelinde gesagt – gewöhnungsbedürftig.

Allerdings haben auch die allgemein bekannten deutschen Supermarktketten mit vier Buchstaben inzwischen das Geschäft in der Schweiz gewittert. Diese sind, nicht zuletzt aufgrund der zahlreichen Deutschen die sich hier niedergelassen haben, in den letzten Jahren auch vermehrt in die Schweiz expandiert, so dass sich mittlerweile auch in jeder Schweizer Stadt eine Aldi oder Lidl Filiale findet.

Diese Discounterketten sind gerade unter konservativeren Schweizern oftmals noch verpönt, nichtsdestotrotz sind diese auch in der Schweiz allemal noch günstiger als die einheimischen Supermarktketten.

Anders verhält sich die Sache bei Bekleidung und Technik. Schuhe, Klamotten oder Unterhaltungselektronik befinden sich in etwa auf demselben Preisniveau wie in Deutschland, so dass diese bei den Lebenshaltungskosten in der Schweiz nicht so gravierend ins Gewicht fallen. Solltest du Raucher sein dürfte es dich freuen zu hören, dass auch Zigaretten in der Schweiz erschwinglich sind. Eine Schachtel Zigaretten kostet je nach Sorte zwischen 7,20 CHF und 8,60 CHF, grob also in etwa so viel wie in Deutschland.

Nichtraucherschutzgesetze gibt es in der Schweiz sowohl auf Bundes- als auch auf Kantonsebene. In öffentlichen Verkehrsmitteln und öffentlich zugänglichen Räumen ist das Rauchen beispielsweise landesweit verboten. Raucherräume oder Raucherkneipen sind aber generell erstmal erlaubt, hier greifen dann aber teilweise die manchmal strengeren kantonalen Richtlinien.

Übrigens: deine Müllgebühren zahlst du in der Schweiz direkt beim Kauf der Müllsäcke. Eine Rolle mit 10 Müllsäcken á 30 Liter kostet etwa stolze 22,- CHF. Wer viel Müll produziert, zahlt dementsprechend auch höhere Gebühren und umgekehrt. Eine faire und simple Lösung wie ich finde.

Zollbestimmungen und Online-Versandhändler wie Amazon

Der Grenzübertritt gestaltet sich in aller Regel problemlos. Ich persönlich reise im Durchschnitt ca. einmal pro Monat nach Deutschland um Familie oder Freunde zu besuchen, hauptsächlich mit dem ICE. Die Grenzen sind wie zu EU Ländern offen und ich wurde bisher noch nicht ein einziges Mal nach meinen Papieren gefragt oder anderweitig kontrolliert.

Beim Versenden von Paketen muss man allerdings achtsam sein. Bei Sendungen ins Ausland muss man genau deklarieren was sich im Paket befindet und welchen Warenwert die Sendung hat. Diese Erfahrung habe ich schmerzhaft gelernt, denn ich habe ein Paket an eine Freundin gesendet und einen Warenwert über dem Freibetrag von 60,- Schweizer Franken angegeben. Das Paket hing etwa zwei Wochen beim Zoll, bis meine Freundin aus Deutschland alle angeforderten Dokumente beim Zoll eingereicht hat (Bestellbestätigung der Ware, Rechnung), und die fällige höhere deutsche Mehrwertsteuer sowie eine Zollgebühr nachgezahlt hat.

Wer gerne auf Amazon oder andere Online-Versandhäuser zurückgreift, wird in der Schweiz leider die Erfahrung machen, dass viele Händler vor den Zollbestimmungen und den höheren Versandkosten für nicht EU Länder zurückschrecken und somit nicht in die Schweiz liefern. Allein für Amazon haben sich inzwischen aber auch ganze Netzwerke gebildet, bei denen man sich registrieren kann und die gegen eine kleine Versandgebühr eine Lieferadresse in Grenznähe zur Verfügung stellen. Gegen entsprechenden Aufpreis übernehmen diese sogar den weiteren Versand in die Schweiz.

Vorsicht ist bei Warensendungen geboten, denn in die Schweiz dürfen Waren ohne spezielle Deklaration nur bis zu einem Oberwert von CHF 60,- eingeführt werden, ab da muss die Einfuhrsteuer entrichtet werden. Bringt man Waren allerdings persönlich mit ins Land so gilt eine Freigrenze von CHF 300,- pro Person und Tag.

Wie überall gelten selbstverständlich Sonderregelungen für spezielle Güter, allen voran Tabakwaren und Alkohol. Über die genauen Zollbestimmungen sowie die entsprechenden Ausnahmeregelungen informiert der Schweizer Zoll übersichtlich auf seiner Internetpräsenz.[10]

Arbeitslosigkeit und Kurzarbeit gibt`s auch in der Schweiz – Alles halb so wild

Auch in der Schweiz kann es natürlich passieren, dass nicht alles nach Plan verläuft. Wenn man sich Arbeitslosigkeit oder Kurzarbeit ausgesetzt sieht, wird man aber auch hier nicht einfach fallen gelassen. Die Sozialleistungen liegen sogar in der Regel gut über deutschem Niveau. Sollte man seinen Job verlieren und man hat seinen Wohnsitz in der Schweiz, sowie verfügt über eine gültige Aufenthaltsbewilligung, so kann man unabhängig vom eigenen Herkunftsland auch in der Schweiz Arbeitslosenhilfe beantragen.[11]

---

[10] Quelle: https://www.ezv.admin.ch/ezv/de/home/information-private/reisen-und-einkaufen--freimengen-und-wertfreigrenze/einfuhr-in-die-schweiz.html

[11] Quelle: https://www.ch.ch/de/auslandischen-arbeitnehmenden-arbeitslosigkeit/ (Stand vom 30. März 2020)

Diese wird hier in Taggeldern ausbezahlt und beträgt üblicherweise 70% des letzten Brutto-Monatslohns.

Geht es dem Betrieb mal schlecht, aber der Arbeitsvertrag muss noch nicht gekündigt werden, so gibt es, genau wie in Deutschland auch, die Möglichkeit von betrieblicher Seite aus Kurzarbeit anzumelden. Hier übernimmt der Staat allerdings für die zusätzlichen freien Tage, die während der Kurzarbeit dann anfallen, 80% vom Gehalt. In Deutschland werden in aller Regel nur 60% gezahlt.

Der Strassenverkehr – (Fast) alles wie gewohnt

Bei den Verkehrsregelungen dürfte man in der Schweiz keine Probleme haben sich einzufinden. Bis auf einige Kleinigkeiten in sich unterscheidenden Begrifflichkeiten gelten im Prinzip dieselben Regelungen wie in Deutschland. Verstösse sind nur um einiges teurer. Ab einer gewissen Tempogrenze, die genau wie in Deutschland variiert, je nachdem ob man innerorts, ausserorts oder auf der Autobahn erwischt wurde, gibt es statt eines Bussgeldes eine Strafanzeige. Damit muss man sich vor einem Schweizer Gericht verantworten und die hier verhängten Bussgelder werden unter Berücksichtigung des Einkommens verhängt. Erhöht den Lerneffekt bei besserverdienenden Personen ungemein.

Weiterhin kann das Gericht selbstverständlich auch ein zeitlich begrenztes Fahrverbot aussprechen oder es kann eine psychologische Eignungsfeststellung zur Verkehrstauglichkeit vom Gericht angeordnet werden.

In extremen Fällen von Raserei kann die Polizei ein Fahrzeug als "Tatwaffe" beschlagnahmen und in so einem Fall sind auch eine Freiheitsstrafe wegen Raserei zwischen einem und vier Jahren oder ein lebenslanges Fahrverbot möglich.

Vorsicht ist geboten, wenn man sich in Sicherheit wähnt, da man noch ein deutsches Nummernschild besitzt und einen Wohnsitz in Deutschland angemeldet hat. Verkehrsvergehen werden mittlerweile in aller Regel auch grenzübergreifend geahndet, und falls man doch Glück haben sollte und der Bussgeldbescheid nicht zugestellt werden kann, so möchte man sich dann kein zweites Mal erwischen lassen.

Bei Alkoholkonsum liegt die Grenze auch in der Schweiz übrigens bei 0,5 Promille.

Wenn man länger in der Schweiz bleibt muss man seinen EU Führerschein nach spätestens einem Jahr gegen einen Schweizer Führerschein umtauschen, da das EU-Dokument nur für 12 Monate nach Einreise anerkannt wird. Selbiges gilt auch für die Autopapiere, welche nach spätestens einem Jahr in die Schweiz umgemeldet werden müssen. Ist man anschliessend noch mit einem deutschen Führerschein in der Schweiz unterwegs wird das als Fahren ohne Fahrerlaubnis geahndet.

Um den Schweizer Führerschein zu bekommen, muss man seinen deutschen bzw. EU Führerschein beim örtlichen Strassenverkehrsamt abgeben, dieser wird zur Verwahrung an die Behörden des Heimatlandes übersandt und kann im Falle einer späteren Rückkehr in die alte Heimat dort wieder angefordert werden.

Eine Möglichkeit das EU-Dokument zu behalten gibt es nicht, sofern man in der Schweiz ein Fahrzeug für länger als ein Jahr führen möchte.

Das Strassenverkehrsamt verlangt ein aktuelles biometrisches Passfoto sowie einen aktuellen Sehtest und gegen eine Bearbeitungsgebühr von je nach Kanton CHF 50,- bis CHF 100,- erhält man den neuen Führerschein in der Regel unkompliziert per Post. Für LKW – Fahrer oder Personenbeförderungsscheine gelten noch andere Bedingungen, mitunter ist da auch ein ärztlicher Check-Up fällig, um an die Schweizer Dokumente zu kommen. Hier hilft es wieder, kurz mal die Suchmaschine deines Vertrauens zu bemühen oder dich am besten direkt an das Strassenverkehrsamt deines Kantons zu wenden.

Umwelt und Tourismus - Nachhaltigkeit als Wirtschaftsfaktor

Die Schweiz hat den Ausbau regenerativer Energien nicht verschlafen und E-Mobilität wird hier auch für Privatpersonen wirklich gefördert. Aus diesem Grund sind hier auch Elektro-Fahrzeuge sehr attraktiv und damit vergleichsweise günstig und weit verbreitet. Die kleine Schweiz ist nicht umsonst einer der wichtigsten Absatzmärkte für Tesla.

Bereits heute werden über 62% des eigenen Stromverbrauchs der Schweiz aus regenerativen Energiequellen gewonnen und es wird stetig eifrig daran gearbeitet, diese Quote noch weiter zu erhöhen. Den wichtigsten Beitrag liefern dabei die über 500 Wasserkraftwerke die sich über die gesamte Schweiz verteilen. Zum Vergleich: in Deutschland versucht man sich derzeit noch daran die 40% Marke zu schaffen. Bei dem Tempo, welches dort vor allem in Sachen Windkraftausbau vorgelegt wird, wird diese Marke wohl auch sobald nicht geknackt werden.

Ähnlich vorausschauend wie die Energiepolitik agieren die Eidgenossen in Sachen Tourismus und Landschaftserhaltung. Natürlich begünstigen die perfekte Lage im Zentrum Europas und die weltweit einmalige Landschaft mit dem Alpenpanorama und den zahllosen Seen schon immer die touristische Attraktivität, aber es wird auch einiges aktiv dafür getan um den Verfall von Kulturgütern oder der Naturwunder zu verhindern. So werden beispielsweise die kleinen Almhütten, die man typischerweise mit einem Alpenbild verbindet, rigoros erhalten und subventioniert. Diese Hütten erwirtschaften nur selten nennenswerten Erträge, bauen wenig bis gar nichts an und haben kaum erwähnenswerten Viehbestand, erhalten allerdings hohe Agrarsubventionen um das Landschaftsbild und damit die Touristenströme bei der Stange zu halten. Auf der anderen Seite sind bereits grosse Bereiche der Schweiz als Naturschutzgebiete deklariert (und zum Teil sogar Unesco-Weltkulturerbe) und damit vor Bebauung und Zerstörung gesichert.

Momentan stagnieren die Touristenzahlen schweizweit zwar, in den weniger besiedelten Kantonen macht dieser Wirtschaftszweig aber seit jeher einen Löwenanteil der gesamten Wirtschaftsleistung aus. Die Vergangenheit hat gezeigt, dass sich die Touristenzahlen seit langer Zeit zyklisch verhalten, und aktuelle Prognosen sehen mit wieder steigenden Zahlen auch optimistisch in die Zukunft.

Alles hat ein Ende – Und alles Weitere liegt bei dir!

Ich habe dir nun alles mitgegeben, um dir einen erfolgreichen Start in der Schweiz zu erleichtern. Solltest du ein anderes Land als Ziel deiner Träume präferieren, war hoffentlich auch der ein oder andere hilfreiche Tipp dabei. Jetzt liegt alles Weitere bei dir. Bevor du die nächsten Schritte in Angriff nimmst würde ich vorschlagen erst einmal deine Situation zu reflektieren.

Bist du mit deinem Status Quo zufrieden oder brauchst du eine Veränderung?

Wichtig ist dabei vor allem, dass du dir die Zeit für dich alleine nimmst und dabei ausschliesslich darauf hörst, was dir fehlt und was du eigentlich für Veränderungen erreichen möchtest.

Ein paar wenige Leute mit denen ich geredet habe waren begeistert von meiner Idee und haben mich ermutigt mein Vorhaben durchzuziehen. Viele Menschen mit denen ich über meine Pläne gesprochen habe wollten mich aber überzeugen, dass es woanders auch nicht rosiger ist als in der Heimat. Sie meinten zu wissen, dass am Monatsende auch nicht mehr, oder sogar weniger, übrig bleibt als bei uns. Auch seien Wohnungssuche und Formalitäten bei der Auswanderung überhaupt unglaublich kompliziert und teuer. Bullshit.

Du darfst dich nicht von Zweiflern beirren lassen, denn ängstliche Leute die jede gute Idee zerreden gibt es mehr als genug. Jeder hat gute Argumente warum ein Unterfangen zu risikoreich ist oder warum es auf gar keinen Fall klappen kann und überhaupt von vornherein zum Scheitern verurteilt ist. Das Dumme ist, diese Nörgler behalten leider Recht, so lange man es nicht versucht und das Gegenteil beweist.

Es gibt nichts Gutes, ausser man tut es!

Ich habe den Schritt auszuwandern, der buchstäblich einer "Schnapsidee" in einer Kneipe entsprungen ist, erfolgreich gewagt. Bislang bereue ich meine Entscheidung in keiner Weise und rückblickend war es alles in allem auch wesentlich unkomplizierter als ich es mir ausgemalt habe.

Ich möchte nicht den falschen Eindruck eines Schlaraffenlands erwecken, auch in der Schweiz bekommt man selbstverständlich nichts geschenkt. Hier muss man genauso für sein Geld arbeiten und an manchen Ecken und Enden gibt es durchaus Nachteile, wie ich beispielsweise bei den Lebenshaltungskosten aufgezeigt habe.

Auf der anderen Seite kann man hier von seinem Gehalt trotz alledem noch gut leben und die Arbeitsatmosphäre ist ganz allgemein spürbar entspannter, weniger verbissen und nicht so einnehmend wie es in Deutschland oft der Fall ist. Nicht nur meine finanzielle Situation hat sich bereits nach kurzer Zeit deutlich gebessert, auch mental fühle ich mich merklich entspannter, motivierter und zufriedener.

Auch du kannst den Schwierigkeitsgrad deines Lebens ein paar Stufen herunter schrauben.

Start Living your Life on Easy-Mode!

Hat dir mein Buch vielleicht neue Anreize gegeben oder gar Appetit darauf gemacht auch dein Glück in der Ferne zu suchen? Ich möchte mich erst einmal ganz herzlich bei dir bedanken, dass du es wirklich bis zum Ende geschafft hast und wünsche dir von Herzen alles Gute für deine Zukunft, sei es in der Heimat oder in einem gänzlich neuen Umfeld. Wenn dir mein Buch dabei helfen konnte, deine Wünsche umzusetzen und dein Ziel zu erreichen, dann habe auch ich mein Ziel mit diesem Buch erreicht.

Neben meinen Erfahrungen, von denen du im Buch gelesen hast, habe ich mich um eine fehlerfreie Recherche bemüht, um dir auch die Bereiche und Formalitäten näher zu bringen, bei denen ich noch keine eigenen Erfahrungen sammeln konnte. In schwierigen bzw. unklaren Fällen wende dich aber unbedingt nochmal an einen Experten. Gerade weil hier in der Schweiz vieles von Kanton zu Kanton unterschiedlich geregelt ist, ist es an vielen Ecken und Enden schwer, für jede Situation eine passgenaue Aussage zu treffen. Und dir irgendwelchen Quatsch zu erzählen, hilft keinem von uns beiden weiter.

Solltest du aller Sorgfalt zum Trotz doch noch Fehler gefunden haben, oder einfach Wünsche oder Verbesserungsvorschläge loswerden wollen, so freue ich mich auf eine Nachricht an livinglifeoneasymode@gmail.com.

Positives Feedback oder konstruktive Kritik sind dort natürlich ebenfalls jederzeit gerne gesehen! Falls dir noch eine Frage unter den Nägeln brennt oder dir im Buch etwas gefehlt haben sollte, worüber du gerne gelesen hättest, gib mir auch gerne Bescheid. Ich beantworte gerne offene Fragen und wenn es zum Konzept passt, werde ich die Dinge auch gerne in der nächsten, überarbeiteten Version des Buches einarbeiten.

Wenn dir das Buch gefallen hat und vielleicht sogar bei der ein- oder anderen Entscheidungsfindung geholfen haben sollte, würde ich mich wirklich ausserordentlich über eine positive Rezension von dir freuen.

Abschliessend noch einmal: ganz herzlichen Dank und viel Glück und Erfolg für deine Zukunft!

Anhang für Notizen

Notizen:

Notizen:

Notizen:

Notizen:

Notizen:

Notizen:

Notizen:

Notizen:

Notizen:

Notizen:

Notizen:

Notizen:

Notizen:

Notizen:

Notizen:

Notizen:

Notizen:

Notizen:

Notizen:

Printed in Germany
by Amazon Distribution
GmbH, Leipzig

23445281R00070